# 宁可文集

## （第六卷）

宁可 郝春文 著

郝春文 宁欣 主编

人民出版社

# 《宁可文集》编委会名单

主　编：郝春文　宁　欣

副主编：张天虹

编　委（以姓氏汉语拼音为序）：

郝春文　李华瑞　刘玉峰　刘　屹　鲁　静

宁　欣　任士英　魏明孔　杨仁毅　张天虹

# 前 言

宁可先生，原名黎先智，湖南浏阳人，中国当代著名历史学家。

黎先智先生于 1928 年 12 月 5 日生于上海。1932 年至 1934 年，他随父亲至马来西亚的港口城市巴生侨居，其间入读巴生中华女校。1935 年回国后，先后在南京的三条巷小学 (1935)、山西路小学 (1935) 和鼓楼小学 (1935—1937) 就读。抗战爆发后，他在颠沛流离中完成小学和中学的学业。先后就读于长沙楚怡小学 (1937)、长沙黄花市小学 (1937)、长沙沙坪县立第四高级小学 (1938)、贵阳正谊小学 (1939 春)、贵阳尚节堂小学 (1939 年秋)、贵阳中央大学实验中学 (1939—1941)、洛阳私立明德中学 (1941)、省立洛阳中学 (1942—1943) 和重庆私立南开中学 (1943—1946)。1946 年考入北大史学系的先修班，次年正式就读于该系。1948 年 11 月从北平进入解放区，接受中共华北局城市工作部城市干部培训班的培训，因革命工作需要，改名宁可。北平和平解放后，于 1949 年 2 月 5 日进城，任北平市人民政府第三区公所科长。1950 年改任北京市人民政府第三区文教科副科长。1952 年调任北京市教育局《教师月报》编辑和中学组组长。1953 年进入教师进修学院任教学研究员。1954 年 9 月受命参与筹建北京师范学院历史科，以后长期在北京师范学院（1992 年更名为首都师范大学）工作，历任讲师、副教授、教授、博士生导师，并曾兼任校图书馆副主任、历史系副系主任、系总支第一副书记、代理系主任、《北京师范学院学报》副总编辑等党政领导工作。主要学术兼职有北京市史学会副会长，中国史学会理事，中国敦煌吐鲁番学会副会长兼秘书长，北京大学、兰州大学等高校的兼职教授。2014年2月18日逝世于北京，享年86岁。

宁可先生天资聪颖，自幼酷爱读书。他兴趣广泛，博闻强记，有着渊博的知识积累。在大学期间，他开始接触马克思主义。进入史学研究领域以后，他研读过大量的马克思主义经典作家的著作。如马克思《资本论》第一卷，他就分别研读过侯外庐与王思华、王亚南与郭大力、郭沫若等三种不同的译本。长期的阅读和思考使他具有了深厚的理论素养。马克思主义的基本原理和方法，也成为他认识历史问题、解析历史现象的最重要的科学理论。他对马克思主义理论的运用，从来不是仅仅停留在征引经典作家论述的层面，而是主张融会贯通，即在真正透彻理解马克思主义唯物论和辩证法的前提下，运用马克思主义的历史观、认识论和方法论，对中国历史问题进行深入的具体分析与诠释，力图从理论的视角把握历史现象和本质，以宏观的视野分析历史事物的因果关系。这使得他的研究成果往往具有很强的理论性和思辨性，这一特色贯穿于他在史学理论、中国古代经济史和文化史、敦煌学和隋唐五代史等诸多领域长期的历史研究实践中。以下试从几个方面对宁可先生论著的理论性和思辨性略作说明。

第一，他多次直接参与了史学界很多重要热点理论问题的讨论，都提出了独到的看法，有些最后成为学界的共识。

早在二十世纪五六十年代，他参与了中国史学界关于农民战争和历史主义与阶级观点等相关问题的讨论，发表了多篇重要论文。他先后就农民战争是否可能建立"农民政权"、农民战争是否带有"皇权主义"的性质、农民战争的自发性与觉悟性、农民战争的历史作用，以及该如何恰当地理解和评价地主阶级对农民的"让步政策"等存在不同认识的热点问题发表了自己的看法。他的意见，有理论依据，又有事实佐证，高屋建瓴，客观而允当，以极大的说服力平息了学术界有关以上问题的争论。六十年代，他参与了历史主义与阶级观点的讨论，针对当时史学界和理论界对马克思主义阶级观点的理解存在片面性和绝对性的情况，他指出历史主义与阶级观点这两个概念的侧重点是不同的。历史主义侧重的是从发展的角度看问题，阶级观点则侧重根据阶级划分和阶级斗争的规律对所研究的对象作出科学的解释。二者的统一是有条件的。历史主义和阶级观点是从不同角度认识统一的历史过程的两个原则或方法。他的这些看法作为当时有代表性的观点，得到史学界和理论界的高度关注和认可。改革开放以后，针对学术界对历史科学理论认识存在的分歧，他提出应把历史科学理论与历史理论区分开来。这一观点廓清了史学理论学科建设中的根本性概念问题，已成为史学界的共识。

宁可先生还在一些重要理论问题上发表了对以后研究具有指导性的论述。例如有关地理环境对人类社会发展的作用问题，不仅是人类社会历史发展究竟由哪些因素决定的理论问题，也对当代中国的经济、政治、军事乃至文化的发展和决策具有重要意义。宁可先生认为应该辩证地认识地理环境对人类社会发展的作用，指出地理环境是社会物质生活和社会发展的经常的必要的条件之一，但它不是起决定作用的条件，起决定作用的是生产方式。地理环境决定论和否定地理环境对社会发展的作用等认识都是片面的。他对这一理论问题的思考，始于将地理环境决定论作为资产阶级理论批判的二十世纪五十年代，前后历经三十年、五易其稿才拿出来发表。显示了他对一个学术问题严谨的思索和执着的追求。他还对二十世纪八九十年代以来社会上流行的"文化热"提出自己的看法，认为种种"文化决定论"、"文化至上论"等都是非科学的，都忽视了社会政治、经济因素与文化之间的相互作用，不值得提倡。在当时的社会环境下，提出这样的看法也是需要学术的勇气的。

第二，在具体研究工作中，宁可先生也注意利用唯物辩证法观察具体历史现象。注重史实之间的相互联系及深层关系，注重阐释历史发展的特点。如关于中国封建社会经济结构以及体制特征的问题，他认为人们常说中国封建经济是一种农业经济、自然经济，这话不错，但不完整。因为很早就有了社会分工，主要是农业和手工业的分工，这是封建经济的两大部门。这两大部门的产品要交换，这种交换终归会发展到以商品交换为其重要的形式，这就有了第三个部门——商业，而且越来越重要。所以，中国历史上的封建经济并非是一个绝对封闭静止的系统，而是具有相当的开放性和活动性，商品经济就是促成封建经济系统开放性和活动性的因素。又如关于中国封建经济结构的诸要素的运转，宁可先生做出了"小循环"和"大循环"的理论概括。从农村开始，农产品大部分自行消费，然后再进行再生产，这是一个小循环。其剩余产品和一部分必要产品循两条路线运行，一条是经过封建国家赋役而注入其他地区和部门，这是非商品性的活动，或基本上是非商品性的活动；另一条是经过市场，进入城市手工业领域，然后再回到市场，而又再进入农村，最终完成消费，这是一个大循环。小循环以中国的气候及农作物生长周期即一年为运转周期。小循环的损耗是小的，效率是高的，但经济效益却不算高。至于那个大循环，运转周期难以一年为率，循环过程很缓慢，损耗也不小，经济效益也不算高，但还是有的。再如对所谓"李约瑟难题"的解释，即中国封建社会原先比较先进，近代为什么会落后于西方？阻力是什么？学术界提出了诸多原因加以解释，或执其一端，或综合言之。宁可先生认为，从中国特殊的国情出发来探寻中国封建社会原先发展后来停滞的原因，固然应该考虑到各种因素的交互作用，但尤其应该注重内部因素的作用，特别是更具决定性意义的经济因素的作用，长时性而非一时性（如政策）因素的作用。以上几个问题的论述，都是综合考虑了与之相关的各种因素，从各种因素的相互联系、互动中，辩证地分析问题。对问题的分析，则是由此及彼，由表及里，层层深入，直至问题的核心。

第三，宁可先生的具体研究，从不满足于对历史事物表象的考察，往往具有贯通的特征，力图对中国历史的发展具有贯通性认识。如对中国古代"社邑"的研究，所涉及的材料上至先秦，下迄明清，不仅几乎穷尽了传世文献中的相关记载，而且还充分利用了石刻材料和敦煌资料，展示了中国古代民间团体发生、发展和演变的轨迹，为我们观察中国古代基层民众的活动和民间组织提供了重要窗口。又如他对中国古代人口的考察。考察的时段也是自战国至明清，并总结出古代人口的发展规律是台阶式的跃迁。战国中期的人口大约为二千五百万到三千万，这是第一级台阶；从汉到唐，人口似乎没有超过六七千万，这是第二级台阶；从北宋后期起，人口大约增长到一亿左右，这是第三级台阶；从清代乾隆初年开始，短短100年间人口从一亿多猛增到四亿，这是第四级台阶。这样的研究成果，不仅对认识整个中国古代历史具有重要价值，对当今社会制定人口发展政策也有借鉴意义。再如对中国王朝兴亡周期率的探讨，所涉及时段也是从秦到清十几个王朝。他总结出历史上新王朝取代旧王朝有三种途径：一是战争；二是用非暴力的手段，即所谓"禅让"；三是北方游牧民族借机起兵南下，征服半个乃至全部中国。总结两千年王朝兴亡，宁可先生总结了三点经验教训：一、中国是农业社会，农业是基础，农民占全国人口的绝大多数，一个统治者如何对待农民，成为一个王朝成败的关键。二、专制主义中央集权国家各级官僚机构和各级官吏的吏治问题非常重要，历来的统治者都非常重视。王朝兴起时往往重视整饬吏治，而一个王朝之所以衰亡，重要的原因是吏治的腐败。三、历代王朝兴亡，乍看起来似周而复始的循环，但并非单纯的回归，像螺旋形一样，在循环之中不断上升，不断发展。到宋以后，发展势头受到阻碍，以致19世纪中期以后，欧洲资本主义势力侵入，中国成为半封建半殖民地社会。以上所列举的问题，都是上下数千年，纵横越万里，从长时段的具体历史进程中，揭示其发展变化的特点和规律，发前人所未发。

宁可先生的论著思路缜密，论证周到，表述清晰，结论自然令人心悦诚服。由于具有深厚的理论素养和敏锐的学术眼光，他的学术研究往往具有前瞻性和引领性。如他对汉代农业生产数字的研究、对中国古代人口的研究，以及对汉唐社邑的研究，都是开风气之先，启发后继者继续从事相关课题的研究。他的研究成果同时受到国际学术界的重视，其学术观点经常被当作具有代表性的看法介绍到国外。他是当之无愧的当代史学大家！

宁可先生热爱教学工作，常以"教书匠"自称。他自 26 岁开始给学生上课，陆续开设过《中国通史》（先秦到宋辽夏金元）、《隋唐五代史》、《中国历史要籍介绍及选读》、《隋唐五代社会经济史》、《资本论选读》、《中国古代社会经济史专题》、《历史科学概论》等课程。直到 70 多岁时，还坚持给研究生上课，每次上课前都要在头天下午或晚上把第二天要讲的内容再过一遍才放心。他从 1981 年开始招收硕士研究生，先后指导了 40 多名博士、硕士研究生和博士后研究人员，为史学界培养了一大批专门人才。他的学生分别在不同的学术领域作出了重要贡献，其中很多人成为各领域的学术中坚。他是一位杰出的教育工作者。

以上介绍表明，宁可先生的学术论著在当时曾是一个时代具有代表性的成果，现在已经成为当代史学遗产的重要组成部分。他的一系列精辟观点，至今仍闪耀着理论的光辉和智慧的火花，具有"卓然不可磨灭"的品质。为了进一步总结、研究、发扬宁可先生留给我们的珍贵史学遗产，人民出版社拟出版 10 卷本的《宁可文集》，即：一、《宁可史学论集》；二、《宁可史学论集续编》；三、《史学理论研讨讲义》；四、《中国封建社会的历史道路》；五、《敦煌社邑文书辑校》；六、《敦煌的历史和文化》；七、《流年碎忆》；八、《地理环境与历史发展》；九、《散论》；十、《讲义》。本次出版按照第一卷、第二卷……的顺序依次排列，共计十卷，其中一至七卷为已刊论著，八至十卷为未刊稿。

《宁可文集》的编辑工作，总的原则是尽可能保持宁可先生著述的原貌，以求全面真实地反映宁可先生的学术成就。其中第一至七卷，以前均曾由国家级出版社正式出版过，内容多数经过宁可先生审定。所以，此次编辑以上七卷，原则上不做改动，仅纠正个别文字错误，并以"编者补注"形式，完善文稿中不规范、不完整的注释内容。第八至十卷为首次出版，编者根据需要做了必要的技术处理。

为保证出版质量，编委会组织人力对文集的全部引文都做了核对。其中马恩列斯等经典著作的引文，虽然近年已有新的译本，但考虑到作者的解释和论证都是以老版本为依据的，如果根据新的版本修改引文，会造成解释和论证与引文不协调。所以，此次核对马恩列斯等经典著作的引文，我们仍以宁可先生当时所用的老版本为依据。关于古籍引文的核对，尽量使用标点本和新的整理本，但不使用宁可先生去世以后的新版本。

《宁可文集》的编辑出版，自始至终得到了首都师范大学历史学院和人民出版社的支持。首都师范大学历史学院院长刘屹教授、人民出版社鲁静编审、刘松弢副编审都给予了大力支持，历史学院校友郭岭松编审则承担了繁杂的编辑工作。谨此一并致以诚挚的感谢！

《宁可文集》编辑委员会
郝春文执笔
2022 年 6 月 2 日

# 目　录

# 一　引子

　　敦煌是甘肃省最西边的一个县级市。这个地处古代丝绸之路要冲的城市，曾经是中国古代历史上的一颗明珠，但从十三世纪以后逐渐衰落，到了二十世纪，它又再度为世人所瞩目，这与敦煌莫高窟藏经洞的发现有很大关系。

　　莫高窟又叫千佛洞，它坐落在敦煌市区东南二十五公里处的宕泉西侧的鸣沙山崖壁上。自十六国时期的前秦建元二年（公元三六六年）起，历代虔诚的佛教徒们便不断在这里开窟造像，使这里成为我国历史上著名的佛教圣地。宋元以后，由于丝绸之路的没落和其他一些原因，这里的佛教日趋衰落，莫高窟也逐渐不再为世人所知。

　　十九世纪末期，一个名叫王圆箓的道士在莫高窟定居下来。在一九〇〇年五月的一天，一个偶然的机会，王道士在莫高窟第 16 窟甬道北壁发现了一个复洞（现编号为 17 窟）。这个复洞约一丈见方，六尺多高。洞内重重叠叠堆满了从十六国到北宋时期的经卷和文书。这些卷子总数在四万件以上，大部分是汉文，也有不少藏文、回鹘文、突厥文、于阗文、龟兹文、粟特文和梵文卷子，多数为写本，也有少数雕版印刷品。从内容看，这批遗书以佛教典籍和寺院文书为主。此外，在这个复洞中还发现了一批绢绣、绘画、幡幢及铜像等。这批丰富的遗书和文物再加上历代开凿的众多佛教洞窟，可以说是世界上独一无二的文化宝藏。

　　莫高窟，这座宏伟瑰丽的艺术博物馆包括四百九十二个不同时代的保存较好的洞窟，两千多身彩塑，四万多平方米的壁画，是研究我国美学史、美术史、建筑史、音乐舞蹈史以及生产、生活等古代文化各个方面的珍贵的图像资料。而藏经洞发现的古代遗书的内容更是涉及宗教、政治、法律、经济、军事、哲学、语言、文学、民族、民俗、书法、历法、医学、科技、中外文化交流等广泛的领域，是研究我国、中亚和世界历史难得的文献。

为什么会在敦煌保存着如此丰富的古代文化遗产呢？我们的古代先民是怎样在敦煌创造了这批遗产呢？这批文化遗产又具有什么样的历史价值呢？这就是本书试图粗略说明的问题。

# 二　敦煌的地理

在世界地图上，我们见到地球上最大的一片陆地是欧亚大陆，在这片大陆腹地的东边，有一条著名的地理上的走廊，叫做河西走廊。走廊的南边是祁连山，它的高峰海拔在四千米以上，山顶终年积雪。再往南是青藏高原，地处高寒，通行比较困难。

祁连山的另一个名称叫南山，这是因为在走廊的北侧存在着一组与之平行统称为北山的山脉。由于饱经剥蚀，北山山势远较南山低平，但它的北边就是蒙古高原的茫茫大漠，也不便通行。

这样，这个夹在南北两山之间，长一千多公里，宽几公里到百余公里的狭长地带，就名副其实地成为一条地理上的走廊。它位于黄河之西，从乌鞘岭开始，经过武威、张掖、酒泉、敦煌，越过玉门关和阳关，一直远出到新疆白龙堆的茫茫沙海。

从河西走廊西行，经过新疆、中亚，可以和南亚、西亚乃至欧洲和北非联结起来。历史上，在海运和空运发达之前，它一直是中西交通的主要干线；这条夹在南北两山之间的走廊，东有黄河之险，西有阳关、玉门关相阻，在地理上是一个相对独立的区域；这个相对的独立区域还是中原王朝与少数民族政权的中间地带，具有十分重要的战略地位。

敦煌位于河西走廊的西端，在党河下游的一块绿洲上，它的南面是属于祁连山脉的三危山，三危山的西南有鸣沙山，莫高窟就开凿在古宕泉（今名大泉）水冲刷而成的鸣沙山崖壁上。敦煌的北面是北山山脉，疏勒河由东向西横过其北境，西边扼玉门、阳关两关。所以，如果说河西走廊是中西交通的干线，敦煌则可以说是古代中原与西域、中国与西亚乃至欧洲北非交往的咽喉；如果说河西是一个具有重要战略地位的区域，作为走廊西部门户的敦煌则最为重要。正是由于它的地理位置，才使敦煌成为我国历史上各民族频繁出入轮番演出的大舞台，成为各种文化的交融荟萃之地。骠悍的胡骑、抗戈的汉卒、扬鞭的牧民、垦荒的农夫、虔诚的僧侣、远行的商队、往来的使者，都在这里留下了脚印，洒下了血汗。也正是我国历代各族人民不间断的努力，共同经营开发这块土地，才有了作为文化宝库的敦煌。

# 三　汉武帝以前的敦煌

　　我们的先民在这一地区的活动，可以上溯到远古时代。长期以来，不少学者认为舜禹时代的"三苗"族是敦煌最早的居民。但据今人考证，传说中的舜禹的活动区域主要在黄河中下游，其影响似未能达到敦煌一带。

　　从考古发现来看，玉门市火烧沟类型文化的主人，是目前所知的敦煌一带最早的居民。遗址中出土了大量的彩陶器、石器、铜器和金银器。其中，仅铜器就有二百多件，还发现了铸镞的石范。这表明，火烧沟人已进入了青铜器时代。遗址中还有不少马、牛、羊、猪骨骼。其中以羊骨最多，有些墓葬中随葬着成对的羊角，说明火烧沟人所经营的主要是牧羊业。而我国古代文献中把羌人称为西戎牧羊人，因此，火烧沟人很可能就是我国古代的羌人。其年代最晚相当于中原的夏代。从出土遗物来看，火烧沟人的社会生活并不比中原地区的华夏族落后。遗物中的石锄、石磨盘、酒器和贮藏的粟粒，说明他们不仅经营畜牧业，而且农业也具有一定水平；从石器、陶器、青铜器、金银器的种类来看，他们已经有了分工较细的手工业；遗物中还有玛瑙珠、海贝和蚌饰，这些都不是当地所产，说明他们与外界有交换关系。从墓葬来看，火烧沟人的贫富和等级差别十分明显。随葬品少的仅有一两件，多的陶器达十二三件，还经常伴有铜器以及金、银、玉器等。其中，还发现有二十多座人殉或人祭牲的墓，并大量用牲畜随葬，这说明火烧沟人已进入早期的奴隶制社会。

　　大约直到商周时代，羌人还居住在河西走廊西部的敦煌一带。据史书记载，当时与羌人同时在这里居住的，还有乌孙人和月氏人。到了战国时代，月氏强大起来，吞并了羌人。秦朝末年，月氏又向乌孙发起进攻，最后乌孙战败，残部逃奔居住在蒙古高原的匈奴。月氏赶走乌孙以后，成为敦煌与整个河西走廊的主人，也是我国西北最强大的民族之一。连匈奴头曼单于也不得不把儿子冒顿送到月氏那里去做人质。

不过，月氏统治敦煌的时间并不长。公元前二〇九年，冒顿逃归，被其父任命为万骑长。他以严明的纪律训练部队，并在同一年杀死自己的父亲而自立为单于。他首先击败了东边的强邻东胡，而后西进打败了河西走廊的月氏。月氏人的残部被迫西迁，于是匈奴成为敦煌与河西的新主人。

随后，匈奴又向南吞并了楼烦王、白羊王和河南王的领地，向西控制了西域（今新疆维吾尔自治区）。这样，它就控制了我国东北部、北部和西北部的广大地区，汉王朝的北境和西北境都处在匈奴的威胁之下。当时的敦煌由匈奴单于的下属浑邪王统治，浑邪王和驻守河西走廊东段的休屠王一起经营河西走廊，使之成为匈奴侵扰汉王朝的根据地。新建立的汉王朝刚刚经过秦末大乱，无力反击，只好用和亲、赠物等方式，祈求北部、西北部边境的平安，但匈奴对汉边境的掠夺并没有因此而减少。

# 四  汉代对敦煌的经营与开发

公元前一四〇年，年少气锐的汉武帝即位。这时的西汉王朝已经过了六七十年的休养生息，封建经济得到空前的发展，财力富足，兵力强大。于是，汉武帝改变汉初以来的和亲政策，采取了反击匈奴的方针。

汉武帝听说被匈奴赶出河西的大月氏一直想复仇。于是募人西使大月氏，希望和他们联合起来夹击匈奴。公元前一三八年，汉中人张骞应募西行，但在经过为匈奴所占据的河西走廊时被俘，被拘留十年有余，终于得便逃脱，继续西进。到达西域以后，方知大月氏又向西南方向迁徙了。大月氏新居在中亚的妫水（今阿姆河）流域，这里自然条件优越，大月氏已无意迁回河西。张骞只好返回。这次出使虽未达到目的，但对河西、西域的历史、地理、物产和各民族的风俗习惯都有较详细的了解。西域的富庶与匈奴控制河西与西域的严重后果，促使汉武帝下了拿下河西斩断匈奴右臂的决心。

公元前一二一年春，汉武帝派骠骑将军霍去病击败河西匈奴。从此，河西地区归入了汉朝版籍。

敦煌与河西的丢失对匈奴来说损失是惨重的。他们悲歌道："失去祁连山，使得我们的六畜不再繁盛，失去出产胭脂的焉支山（燕支山），使我们妇女的容颜不再鲜艳"。他们退到了河西走廊的北山以北的蒙古高原，仍然保有强大的势力。为了确保敦煌与河西不再受匈奴的武力干扰，西汉王朝采取了一系列措施。

首先是设行政区。就在河西归汉的公元前一二一年，汉朝在河西设置了武威、酒泉二郡，敦煌一带归酒泉郡管辖。公元前一一一年，又分割武威、酒泉的辖地设置了张掖和敦煌郡，这就是著名的河西四郡。有文字记载的敦煌历史自此开始。西汉时期的敦煌郡统辖六个县，即敦煌、冥安、效谷、渊泉、广至、龙勒。其范围大致在疏勒河以西，阳关、玉门关以东的一大块土地，包括今天的敦煌市、安西县及肃北蒙古自治县的一部分。

关于"敦煌"这个名称的涵义与由来，目前人们的认识还不一致。汉文"敦煌"一词最早见于《史记·大宛列传》所载张骞自西域归来后给汉武帝的报告。东汉的应劭最早对这个名称加以解释，他认为"敦"是大的意思，"煌"是兴盛的意思。唐代李吉甫更进一步发挥了应劭的解释，从敦煌这个地方对开发西域所起的重要作用来解释它的名称的涵义。但敦煌这个汉文名词在敦煌设郡以前就已出现，故应劭等人的解释显然是望文生义的附会之说。近年国内外学者多以为敦煌是建郡以前居住在当地的少数民族对本地区所取的名字的音译，其根据是常与敦煌连称的祁连就是匈奴语的音译。这种解释比前一种解释更合乎情理。但因汉文"敦煌"一词的本来涵义与译自何种语言之音在东汉时就已失考，故人们虽提出过种种推测，但都缺乏有力的证据。

第二项措施是建立军事防御体系。我们知道，早在秦始皇时，为了防卫匈奴南侵，就修筑了长城。但秦长城的最西端只到甘肃临洮（今岷县）。汉王朝在酒泉设郡以后，修筑了从令居（今兰州市附近）至酒泉的一段长城。公元前一〇八年，又把这段长城继续向西修到了玉门关，终于形成了一道自敦煌至辽东，长达一万一千五百余里的雄伟屏障。直到今天，敦煌一带仍然保留着大约三百华里左右的汉长城遗址，其中以玉门关一带较为完整。这一带的汉长城主要是用芦苇与沙石间隔筑成的，其间隔厚度为二十～三十厘米。虽然经过了两千多年的风雨剥蚀，有些地段残高仍达三米左右。

在长城沿线每隔五里至十里的地方，便修有城堡与烽燧。目前仅敦煌境内存留的汉烽燧遗址就有七十余座。这些烽燧通常也是用芦苇加土坯修筑而成。有的遗址附近还堆积着供戍卒报警时兴烽用的"积薪"。

依据史书的有关记载和敦煌出土的汉简中的资料，敦煌在设郡之前，曾设有酒泉玉门都尉，其治所在今敦煌境内。敦煌设郡以后，酒泉玉门都尉改名为玉门都尉，隶属敦煌。除玉门都尉外，敦煌郡下还设有阳关、中部、宜禾等都尉。每个都尉之下又设有若干候官。当时，在整个河西地区驻扎的戍卒约有三十万。这些戍卒有的来自当地的敦煌郡和张掖郡，更多的是来自内地。他们的服役期按规定是一年。阳关都尉和玉门都尉分设在敦煌郡最西部的龙勒县境内。玉门都尉统辖着龙勒北境，控制着玉门关；阳关都尉统辖着龙勒南境，控制着阳关。在阳关与玉门关之间，也有长城和烽燧相连。这样，这两都尉就分别镇守着南北两条通往西域的丝绸大道，东西来往的人非经过两关就不能通过。

在距今敦煌市城八十八公里处的小方盘城，曾发现有许多有关玉门都尉的汉简。这是一座版筑的汉代城址，方形，每面长二十三至二十四米，北、西两面有门。这座城，过去被推定为汉玉门关址，但据今人研究，这里应是玉门都尉所在地，而玉门关址是在这座城之西十一公里的马圈湾一带。

在敦煌市城西南七十公里处的南湖乡附近，有一片叫作古董滩的地方，至今仍保留着十余座烽燧遗址。过去不少人认为这里就是古阳关遗址。但一九七二年酒泉市文物队在古董滩以西沙漠中又发现了上万平方米的建筑遗址。其中，有排列整齐的房基以及时断时续的城堡城基，还有耕地、窑址、水渠遗址及汉五铢钱、铜箭头等器物。据此，他们认为这才是真正的古阳关遗址。

第三项措施是开发河西与敦煌。其中最重要的是实行大规模的屯垦。河西地区人口稀少，这对于巩固汉王朝对河西的统治，加强这个地区的防御十分不利。为了改变这种情况，汉武帝实行了从内地往河西移民的措施。到西汉末年，河西四郡已有户六万一千余，人口二十八万多。其中，敦煌郡就有一万七千余户，三万八千多人。再加上三十万左右的戍卒。使河西与敦煌的民族构成发生了根本变化。由于迁徙来的人和戍卒多数是内地的汉人，虽然敦煌与河西仍有少数民族居住，但汉人已成为敦煌的主体民族。

来到敦煌与河西的移民和戍卒使这个地区的社会生活发生了根本变化。敦煌归汉以前，这里活动着的多是过着游牧生活的少数民族。汉代的移民和戍卒不仅为开发河西提供了大量劳动力，而且带来了内地的先进的农耕生产技术。汉王朝组织他们进行屯田。这就使敦煌与河西以游牧为主的社会生活转变为以农耕为主的社会生活。

西汉时期的屯田组织，可分为军屯和民屯两种。军屯的主要劳动力是戍卒和士兵。他们平时耕种，战时荷戈打仗，此外，一些准备出击的战斗部队也参加屯田。如贰师将军李广利讨伐大宛时受挫，汉武帝大怒，派使者命李广利不得率军返回内地，李广利就留在敦煌屯田。这些进行屯田的戍卒和军队，自己解决军粮，不仅减轻了内地转运的沉重负担，对开发和建设敦煌也做出了贡献。民屯的主要劳动力是田卒和移民。田卒和从事军屯的戍卒一样，耕种的都是政府的公田。他们的衣食和主要生产工具都由政府供给。垦田的收获也必须送交官仓。移民初到时，衣食亦由政府提供，并借给他们生产工具，在有关官吏组织下进行生产，并向政府交租服役。

为了保证农业的发展，西汉政府还组织人力兴修水利。河西地区处于广阔的戈壁沙滩地带，雨量稀少，对农业不利。但敦煌南临祁连山，山上终年积雪，从春末到冬初，大量积雪融化注入平原，形成两条河流：一是疏勒河（汉时的籍端水）；一是党河（汉时的氏置水）。故利用河水进行灌溉对农业来说是至关重要的。汉政府为了解决这个问题，曾组织大批劳力利用疏勒、党河河水开渠灌溉农田。并设有"河渠卒"负责灌溉工作。此外，还根据不同的地理条件，采取掘堰、筑堤、凿井的办法，来开辟水源和调节水量。在敦煌藏经洞中发现的唐人所写的《沙州都督府图经》中，就记有在汉武帝时（公元前一一一年）所修的较大规模的水利工程马圈口堰的情况。

在农业技术方面，汉武帝晚年时在河西推广了赵过的代田法。这种耕作方法不仅可以充分发挥地力，使耕地无须轮作，而且可使禾苗耐风旱。更适合敦煌与河西地区耕地少，干旱少雨的自然条件。与代田法同时在河西推广的，还有新式农具楼犁。从汉简的记载来看，当时河西地区的粮食亩产量与内地差不多。这里生产的粮食，除了自给外，还有不少存粮。汉元帝时，内地粮食困乏，就曾从河西地区调粮内济。与农业生产发展的同时，畜牧业仍然占重要地位。据史记载，在汉宣帝时，河西就已出现"人民繁盛，牛马遍野"的景象。

西汉政府对敦煌与河西的经营与开发，其意义是深远的。它不仅隔断了匈奴与羌人的联系，起到了"斩断匈奴右臂"的作用，对内保卫了陇右地区的安全，而且有力地支持了汉王朝打击匈奴的一系列军事活动，还为汉王朝经营西域提供了人力和物力的保证。在公元前六〇年西域都护设立之前，西汉王朝每一次对匈奴和西域用兵，都是以敦煌和酒泉为后方基地。这里不仅是大军的屯驻地和出发地，而且是兵器和粮草的补给点。如公元前一〇四年，汉武帝派贰师将军李广利征大宛，初战失利，李广利退回敦煌休整，补充兵员和物资。待他再次出征时，已有战士六万，牛十万头，马三万余匹，驴、骡、骆驼一万多，军粮充足，兵械齐全，其中不少就是在敦煌就地补充的。为了策应李广利，汉武帝还专派大将任文率大军屯驻玉门关作为后备部队。随着汉王朝势力深入西域，长城和烽燧也从敦煌向西伸展，最远一直到龟兹（今库车）西北。这些向西伸展的烽台，大约兴建于汉昭帝、宣帝时期。可以说，没有河西，就没有西汉王朝对匈奴战争的胜利；没有敦煌作为后方基地，汉王朝对西域的开拓和经营也就无法实现，当然，驰名中外的丝绸之路也就不可能畅通。

西汉末年，中原大乱，只有河西兵乱不兴。窦融看中了河西这块具有相对独立性的地方，来到河西拥兵自保，受到当地官民的拥戴。他安抚交结当地汉族地主和少数民族上层，对因避乱从内地迁来的大量人口也妥善安置，并鼓励各族人民从事农业、畜牧业生产。当时，关中地区粮价飞涨，一石谷值万钱，而河西地区一石谷只值三千至四千钱。东汉建立以后，公元三七年，窦融应光武帝之召，离开河西去了洛阳，他的继任者继续在这个地区实行发展经济、重视武备的政策。河西各郡包括敦煌在内均较稳定。

西汉末至东汉初，北匈奴乘中原大乱之际又控制了西域，这就使得位于河西走廊西端的敦煌在军事上的重要性日益突出。作为前线阵地它不仅要防御外敌的进攻，而且还要承担对西域的一些进攻性的军事行动。从公元一二〇年起，代替西域都护主管西域事务的护西域副校尉便长驻敦煌，这使得敦煌在军事上的重要性更加突出了。此后，对西域的许多较重要的军事行动，都是在护西域副校尉和敦煌太守主持下进行的。当时，敦煌不仅是通向中原的门户，而且成了统辖西域的军政中心。西域许多地方作为政治人质的王子就留居在敦煌。

东汉中后期，被迁移到陇右、汉阳等地的羌人不断起兵反抗东汉的统治，在旷日持久的战争中，河西各郡尤其是河西东部受损十分严重，通往中原的道路也常常被阻断。敦煌因处走廊西端，损失相对小一些。

随着敦煌地位的重要和经济的发展，从中原迁来的大族也在这里站稳了脚跟。嘉峪关东汉墓出土的画像砖和壁画中，表现了富豪家居时钟鸣鼎食、宴饮享乐，外出游猎时骑仗呼拥，跋扈乡里，而依附于富户的农民却为他们耕田、采桑、放牧或从事各种家务劳动。这应是敦煌与河西地区当时贫富分化状况的真实描绘。东汉末年，内地军阀割据混战，波及河西，敦煌虽近二十年没有太守，但在大族控制下，却保持了相对平静。

汉族豪强地主在敦煌地位的稳固还使最初由西汉移民和戍卒带过来的中原文化在这个地区扎下根来。其表现是以儒家经典为主的许多汉文典籍开始在这里传播。东汉时，这里已出现一些儒学名士。如东汉末年的张奂（敦煌渊泉人），从少年时代起就在长安一带跟随名儒朱宠研习儒学，晚年拒绝董卓的招聘，隐居乡里传授所学，有门徒一千多人。教书之余，还著有《尚书记难》三十余万字。张奂的传授生徒工作促进了当地汉学的传播。他的两个儿子后来都成了著名的学者和书法家，特别是长子张芝，被世人誉为草圣。

汉代对河西、西域的经营为中西交通通道的开辟提供了条件。早在公元前一三八年张骞出使西域时，就曾到达中亚的大宛、康居和大夏。河西归汉以后，汉武帝于公元前一一九年又派张骞第二次出使西域，目的是招引居住在伊犁河流域的乌孙回河西故地，并与西域各国联系。张骞率三百人的使团，携带大量马牛羊、金币和丝帛等物品出发。到乌孙后，未达目的，于公元前一一五年偕同乌孙使者数十人返回长安。随后，被张骞派到大宛、康居、月氏、安息（今伊朗）等国的副使，也同这些国家的报聘汉朝的使者一起，陆续来到长安。张骞两次出使西域，大大丰富了汉族的地理知识，对西域各国与汉族的交往和中外经济文化交流，做出了杰出的贡献。从此以后，汉同西域的交往频繁起来，汉朝派到西域去的使臣每年多则十几批，少则五六批；每批大的几百人，小的百余人。公元九九年，东汉的班超曾派甘英试图出使大秦（罗马），进而开辟欧亚交通路线。当时甘英一行到达条支国（今波斯湾北头），正要渡海西行时，因受到安息人的阻挠而还。

汉代派往西域的使者大多是贫穷百姓的子弟，他们每次出使都携带内地的物品到西域去贸易，所以使者队伍实际上也是商队。同时，西域的使者和胡商也经常来往内地，这些往来促进了中西经济、文化交流。

汉代中西交通的路线是：自长安出发，经过金城（今兰州）和河西的武威、张掖、酒泉到达敦煌，自敦煌分为南北两道。南道出阳关经塔里木盆地东端的鄯善，沿昆仑山北麓西行至莎车，西逾葱岭到大月氏、安息诸国，再往西行可以到大秦；北道出玉门关经车师前王庭（今吐鲁番），沿天山南麓西行至疏勒（今喀什），越葱岭的北部向西，可以到大宛、康居诸国，再往西也可以到大秦。这南北两条大路，是当时中外交流的两大动脉，敦煌正处在这两条大路的汇合处。

正是通过敦煌这个中西交通的咽喉，中原地区的丝织品和金属工具被大量输送到西域、中亚、西亚乃至更远的地方。因为运往西方的货物主要是丝和丝织品，所以后来人们把这条中西通道称为"丝绸之路"，古代西方人也把中国称为丝城（Sera Metropolis）。除了丝、丝织品和金属工具，汉族的先进生产技术如铸铁、凿井（包括井渠）、建筑技术等也经由敦煌传到了西域和中亚，促进了当地经济的发展和社会的进步。与此同时，西域的葡萄、石榴、苜蓿、胡豆、胡麻、胡瓜、胡蒜、胡桃等植物，也陆续经由敦煌向东土移植；中亚的毛布、毛毡、汗血马、骆驼、各种珍禽异兽，也都源源东来，从而丰富了我国人民的经济生活。此外，中亚的乐器、乐曲、舞蹈也在这一时期传入我国，增添了我国文化艺术的光彩。特别值得一提的是，发源于印度的佛教文化，也在汉代经过丝绸之路传到了中国。

至迟在东汉明帝时，佛教已经传入中国内地。佛教传入中国的路线，有陆、海两条，但早期应以陆路为主。如汉明帝时的中天竺僧人迦叶摩腾和竺法兰就是从大月氏来中国的。以后的高僧安世高、支娄迦谶、支曜等也都是来自西域。这些经由丝绸之路东来的佛教学者，在他们进入中国内地的途中，必然要经过敦煌。所以，敦煌应是我国最早接触佛教的地区之一。

上述中西经济文化的交流，无疑会对敦煌地区的经济、文化发展起到促进作用。

# 五  魏晋南北朝时期的敦煌

## （一）魏晋

　　曹魏统一北方之初，无暇顾及河西。直到魏文帝曹丕即位后，才派兵消灭了河西的割据势力，并委派尹奉为敦煌太守。曹魏继承和发展了西汉以来的屯田戍守政策。先后派徐邈为凉州刺史，仓慈等为敦煌太守，陆续进行了一些改革。仓慈继尹奉为敦煌太守时，当地豪强兼并愈演愈烈，不仅霸占大量土地，残酷压榨农民，对来往的西域商人大肆敲诈勒索，甚至抢劫财物，断绝交通。针对这种情况，徐邈采取收集民间的私有武器的办法，解除了豪强的私人武装；仓慈则实行抑制豪强，抚恤贫穷的政策，限制豪强兼并土地，这就打击了大族的嚣张气焰。仓慈在任办事公平，对少数民族一视同仁。他还鼓励在敦煌的少数民族与汉族通婚。不论少数民族妇女嫁给汉人，还是汉女嫁给少数民族，都受到政府的保护。这项措施促进了敦煌的少数民族与汉族的融合，也有利于敦煌社会的稳定。仓慈减免刑罚，减省了一些徭役，鼓励百姓开荒垦田。对来敦煌贸易的商人，由官府将他们带来的货物全部买下，并用官府所存货物与他们交换。在他们返回时，还派专人护送，以保证其生命财产的安全。对于要到内地去进行贸易的西域商人，及时发给他们过所（通行证），提供方便。仓慈的这些措施，受到了当地百姓和外地商人的欢迎。西域各国商人纷纷东来，使敦煌成为胡汉交往的商业城市。几年以后，仓慈在任上病故，敦煌的官吏和百姓像丧失了父母一样悲痛。成千上万的人出力为他修坟。百姓们自发出资为他在敦煌修庙，塑像。西域商人聚集在戊己校尉和长史的治所举行追悼仪式，并为他建立了祠堂。

仓慈以后，王迁、赵基先后任敦煌太守，都能遵循仓慈所立法度，代替赵基为敦煌太守的是皇甫隆（约公元二四九至二五四年在任），他在敦煌推广了中原的先进耕作技术和生产工具。此外，皇甫隆还改变了敦煌妇女在穿衣方面的落后习俗。

经过曹魏时期几位敦煌太守的努力，使敦煌成为丝绸之路上一处重要的商业城市和粮食生产基地。敦煌的这种繁荣景象一直保持到西晋。

随着经济的发展和商业的繁荣，敦煌与中原的联系也日益密切，中原文化在这里得到了进一步发展。首先是儒学的进一步发扬，曹魏初期，敦煌人周生烈曾以名儒的身份参与了当时官方组织的注释经传工作。到西晋时，敦煌就已出现了索靖、索袭、索统、宋纤、氾腾等一批名儒。其中，索靖在少年时期就已"驰名海外"，与乡人氾衷、张甝、索紾、索永号称"敦煌五龙"。以后更博览经史，精通谶纬，尤其擅长草书。著有论述草书形体结构的专著《草书状》。宋纤等也都精通儒学，在敦煌隐居讲学，授徒数百至千余人。他们为汉文化在敦煌与河西的流传、扎根做出了贡献。

与儒家学说一同来到敦煌的还有中原的道教。早在汉代，就有名叫议（蚁）君的道士被贬斥到敦煌。本世纪初，在敦煌附近的一处遗址中又曾发现晋代早期天师道的符篆，说明至迟在晋代，道教已开始在敦煌流行。

汉魏时期，中原的艺术也流传到了敦煌与河西。近几十年来，考古工作者在河西地区发掘了数百座西汉和魏晋时期的墓葬，在这些墓葬中出土了大量画砖和壁画。如一九四四年，西北科学考察团在敦煌佛爷庙发掘的翟宗盈墓，在墓门上部砌建了高三点五米的砖门楼，门楼上面有浮雕的门阙和彩饰的绘画。这些彩绘的内容包括骑士、门吏、四神、怪兽和各种禽鸟、云气。造型生动、线条流畅，绘画技术已相当成熟。这些墓葬中出土的壁画和画砖同内地汉墓中出土的壁画如洛阳西汉晚期的卜千秋墓壁画、河北望都东汉墓壁画、河南密县打虎亭汉墓壁画在内容、形式、风格及技法上都是一脉相承的。这说明，在魏晋时期中原艺术已成为包括敦煌在内的河西艺术的主流。

佛教虽然是经过敦煌传到内地去的，但现存文献资料记载敦煌地区有僧人活动的材料在时间上却晚于内地。据《高僧传》记载，直到曹魏时期（约公元二四四年前后），才有外国僧人竺高座在敦煌收世居敦煌的月氏人竺法护为徒。竺高座是目前所知最早在敦煌传播佛教的僧人。在此之前像竺高座一样在敦煌传播佛教而未能留下姓名和事迹的僧人当不乏其人。

晋武帝时，竺法护随其师竺高座游历西域诸国，学会了三十六国的语言和文字，携带大量的"胡本"佛经东归。公元二六六年，到长安从事译经和传教工作。公元二八四年，法护回到了故乡敦煌，继续从事传播佛教的工作。在敦煌形成了一个以他为中心的汉胡僧俗佛教信徒集团，法护在传教的同时，仍花费很大精力从事译经工作。公元二八四年二月，法护在弟子竺法乘月氏法宝等三十多人的帮助下把罽宾文士侯征若带到敦煌的梵文《修行道地经》译成汉文。同年五月他在法乘等僧俗信徒的帮助下译出了《阿惟越致遮经》。此后，法护又回到长安、洛阳等地从事传教和译经工作，他一生共译出佛经一百七十五部，是中国佛教史上著名的译经大师，为佛教在东土流传做出了贡献。

法护的弟子竺法乘先随师傅到长安，后来又返回敦煌，在这里建立寺院，广收门徒，宣讲佛法。法乘在敦煌的传教工作具有重大意义。一是他建立了寺院，使敦煌的僧俗信徒有了固定活动场所，这就为敦煌佛教的延续与扩大影响提供了基本条件；二是他的弘法工作不仅扩大了佛教队伍，也加深了佛教对敦煌一般民众的影响，这就为敦煌后来成为佛教圣地奠定了基础。

# （二）十六国

西晋末年，北方大乱，各民族统治者相继建立了自己的政权，史称此时为十六国时期。这一时期敦煌先后归属前凉张氏（汉族，自公元三一三至三七六年）、前秦苻氏（氐族，自公元三七六至三八七年）、后凉吕氏（氐族，自公元三八七至四〇〇年）、西凉李氏（汉族，自公元四〇〇至四二〇年）、北凉沮渠氏（匈奴族，自公元四二一至四四二年）五个政权。直到北魏灭北凉后占据敦煌，敦煌才又重归北方统一政权之下。

前凉政权占有包括敦煌在内的整个河西。与中原的大动乱相比，这里相对太平。当时由中原到河西来避难的人很多，他们带来了中原的生产技术和文化，并给河西补充了大量劳动力，使河西经济在中原普遍凋残的情况下，有了一定的发展。

敦煌是前凉割据政权的西部重镇。出于经营西域的需要，张氏政权对敦煌十分重视。公元三四五年，前凉统治者张骏把敦煌、晋昌、高昌三郡，西域都护、戊己校尉、玉门大护军等三营合并为沙州，任命西胡校尉杨宣为刺史，州治设在敦煌。杨宣在任期间，组织并兴修了大规模的水利工程。由于甘泉水（今党河）河槽下降，影响了敦煌南部干渠中渠的灌溉效益。杨宣决定将中渠的进水口引向甘泉水上游。他组织人力在州城西南十里处的甘泉水上游造五石斗门，将中渠加长，由此引流向东北流，至城东七里，全长共十五里，大大增加了这条水渠的灌溉面积，百姓们为了纪念杨宣，将中渠改名阳（杨）开渠。当时敦煌的北部干渠北府渠也是每年都被水冲坏。杨宣用家里的存粮一万斛购买石头重修北府渠，把斗门都改成石制结构，此后一直到唐代，北府渠再也未出现被水冲坏的现象。敦煌太守阴澹也组织人力修建了一条长达七里的自州城西南引水至城西北的水渠，灌溉城西的大片土地，因受益百姓得以安居乐业，故把这条渠称为阴安渠。

前秦灭掉前凉以后，公元三八二年，派吕光进军龟兹，意在经营西域。为了充实敦煌这个后方基地，公元三八五年，苻坚又把江汉、中原百姓一万七千余户迁到敦煌。同年，前秦政权瓦解，吕光率兵返回河西，后建立了后凉，后凉敦煌太守孟敏在任期间，继续兴修水利。他在州城西南修建了一条水渠，引甘泉水以溉田，受益百姓称这条渠为孟授渠。三九五年，后凉发生内乱，武威、张掖等地又有数千户逃到了敦煌和晋昌。

公元四〇〇年，李暠在敦煌自称冠军大将军、沙州刺史，史称西凉。敦煌第一次成为割据政权的政治中心。西凉政权对敦煌的行政管理十分重视，有由县、乡、里组成的各级行政机构，实行严密的编户制度。莫高窟藏经洞出土的《西凉建初十二年(四一六)敦煌郡敦煌县西宕乡高昌里籍》，记载了各户户主的身分、姓名、年龄及其家属成员的姓氏或名字、年龄，还记有各户丁男、次男、小男、女口数目与全户总口数。这份残户籍虽不满十户，却为我们了解西凉时敦煌的郡县乡里制度和户籍编制情况提供了实物材料。这时，北凉、南凉等割据政权不断在河西东部展开争夺战争，走廊西部的敦煌在李暠统治下没有发生大的战乱，而且由于实行严密的行政管理，再加上实施鼓励生产的措施，这里出现了年谷丰登、百姓乐业的景象。在军事方面，李暠派军队攻克了玉门以西诸城，驻军玉门关和阳关。于是，于阗派人来进献玉，鄯善前部王也派使者来贡献当地特产。西域再度与敦煌相通。在敦煌城内，李暠修筑了靖恭堂、谦恭堂、嘉纳堂等规模宏伟的建筑。

遗憾的是敦煌的这种盛况并没有保持多久。公元四〇五年，李暠为了全力对付东方的强敌北凉，决定迁都酒泉。同时将苻坚时从江汉、中原迁来的和后凉内乱时从武威、张掖逃来的两万多人户从敦煌迁到了酒泉，这就大大削弱了敦煌。更重要的是，此后西凉的注意力已转向东方，敦煌已不是经营西域的基地。公元四一七年李暠去世以后，西凉渐趋衰微。四二一年，北凉沮渠蒙逊灭西凉。在进攻敦煌时，沮渠蒙逊在城外三面筑堤，以水灌城。城克后又大肆屠杀，使敦煌再次蒙受重大损失。四三九年，北魏主拓跋焘亲率大军攻克北凉都城姑臧，北凉灭亡。但沮渠氏的残余力量在沙州刺史沮渠无讳率领下，在敦煌、酒泉一带继续抗击魏军。直至四四二年，才率一万余家放弃敦煌逃往西域。

从上面的叙述可以看出，在十六国时期的百余年间，敦煌的发展虽不是一帆风顺，但在公元四〇五年西凉迁都酒泉以前，总的趋势是比较稳定的，经济也一直向前发展，这就为文化的繁荣提供了条件。另一方面，这一时期占据河西、敦煌的统治者都比较注意起用儒士，提倡儒学。如前凉张氏和西凉李暠本身就是汉族世家大姓，世代以经学文艺著称。前秦苻氏、后凉吕氏和北凉沮渠氏也都深受儒学熏陶，十分注意尊重和保护士人。社会的相对稳定，经济的繁荣与统治者的保护，使敦煌、河西的学者在十六国时期得以继续著书立说，设馆授徒。如名儒郭瑀的弟子刘昞，就是这一时期河西最著名的学者。他一生著书甚丰，有《略记》八十四卷，《敦煌实录》二十卷，《方言》三卷，《靖恭堂铭》一卷，并为《周易》《韩子》《人物志》《黄石公三略》等书作注。著书之余，他以教书为务，常有学徒数百人。刘昞的助手索敞也是敦煌人，他专心研究经籍，尽得刘昞真传，写文章也很有名。北凉灭亡后，索敞到北魏都城继续传授儒学，并撰有《丧服要记》。敦煌人阚骃也是博通经传，撰有《十三州志》，曾在北凉政府中负责典校经籍，刊定诸子三千多卷。其他如张湛、宋繇、阴兴等也都是在河西很有名气的敦煌学者。敦煌遗书中的《西凉录》和《沙州都督府图经》还记载西凉李暠在敦煌建立学校，增高门学生五百人，这是敦煌设立官学的最早记载。

那些避难到河西的中原学者，也受到十六国时期敦煌、河西的统治者的尊重和保护，让他们传授学问。这就使中原因战乱而失传的经籍学说在这里得以保存。如西晋冯翊太守江琼，擅长篆字与训诂学。晋末因避乱弃官逃到河西，受到前凉统治者张轨的礼遇，以后子孙就留在了河西，世代传授其家学。北魏占领河西后，江琼的后代江强被迁到北魏都城，向北魏统治者献家传书法著作与其他书籍一千多卷。与此同时，道教也继续在敦煌流传。《老子化胡经》等道教著作在这一时期已传至敦煌。在敦煌三危山下的十六国建兴十三年（公元三四二年）墓葬中出土的五谷罐铭文中，有"地上生人□青鸟子诏令"等字样。《西凉建初十二年（公元四一六年）户籍》中，有一户户主的子孙名称为道、德、仙、宫，这显然是受道教影响所致。其他户内的名称也有如魄、金、嵩、寿等字，这些字也有修炼长生的意思。

以上事实说明，在中原战乱频繁的十六国时期，许多优秀学者或死或逃，大量珍贵文化典籍焚于战火的同时，敦煌、河西的中原文化不仅延续下来，还因为大量士人的流入而有所发展。这些敦煌、河西学者的一些著作流传到了南朝，一些人如索敞、张湛、江强等由北凉入北魏，为中原文化的发展做出了贡献。

这一时期，由于社会动乱和入主中原的少数民族统治者的提倡，中原地区佛教兴盛起来。当时中原地区比较流行禅定。禅定是佛教徒通过精神集中，观想特定对象而获得佛教悟解或功德的一种修习活动。受内地的影响，前凉时期，敦煌也出现了修习禅定的高僧，如单道开，竺昙猷等。表明敦煌的佛教在前凉时期已和晋代竺法护师徒的以译经、讲经为主有所不同。修习禅定需要安静的环境，因此禅僧经常离开城市，选择人迹罕至的地方开窟建寺作为修习场所。敦煌莫高窟的开凿正是在这种背景下出现的。

公元三六六年，一个名叫乐僔的敦煌禅僧在城郊散步时到了莫高窟附近，忽见山上一派金光，似乎有千万个佛在金光中显现。乐僔被这奇景炫惑了，认为这里是圣地，于是他募人在莫高窟开凿了第一个石窟。其实，乐僔所见的金光与千佛，应和海市蜃楼一样，是大气中由于光线的折射作用而形成的自然现象。但因乐僔是严守戒律，离世脱俗的禅僧，所以，他所见的海市蜃楼也就充满了他所追求的佛教色彩。乐僔开窟后不久，又有个叫法良的禅师从东西行到敦煌在乐僔所开石窟的旁边又开了一窟。从首先在敦煌开窟的两个和尚都是禅僧这一点来看，他们所开的石窟很可能是专为他们修习禅定的窟龛。

五世纪前半期敦煌的动荡不安，给佛教的传布提供了机会。在北魏占据敦煌以前，敦煌的佛塔和佛寺已是为数可观了。据敦煌遗书斯797号记载，在西凉李暠迁都酒泉的第二年（公元四〇六年）初，比丘德祐等十二人在敦煌城南受具足戒。主持授戒仪式的有僧人法性，戒师宝意，教师惠观，一次受具足戒者有十二人，可见当时出家人为数不少。另据今人统计，在敦煌莫高窟藏经洞出土的有纪年的佛经中，时间在公元三〇五至四〇五年一百年间的仅有四件，而时间在公元四〇六至四二二年三十多年间的就有六件。这个数字也从侧面说明五世纪前半叶敦煌的佛教有了比较迅速的发展。这一时期敦煌僧人仍以修习禅定者为多。如释道法，从出家后就专精禅业，日夜坐禅诵经。随着敦煌佛教的隆盛，莫高窟也渐渐出了名，在这里开窟的人也渐渐多起来了。由于时代久远，以后各代对前代建造的石窟都不断进行过改造，再加上战争的破坏和风沙的侵蚀，最早开凿的乐僔窟和法良窟已无从查考，整个十六国时期莫高窟开窟的数量现在也已不得而知了。现存的确知为十六国时期的洞窟只有七个，这七个洞窟开凿于公元五世纪初，即北凉统治敦煌时期。

北凉时期的几个洞窟内的佛像都是单身塑像，且多以弥勒为主尊。在第 275 窟南北壁上部的阙形龛中塑了形象各异的交脚弥勒像，故也被称作弥勒窟。按照佛教的说法，弥勒是未来佛。当佛祖释迦牟尼的教法尽灭之后，经过很长时间，弥勒将在这个世界上成佛说法。到那时就会出现一种七收，树上生衣，随意取用，山喷香气，地涌甜泉，路不拾遗，夜不闭户的极乐世界。这一时期人们对弥勒的供奉，实际上反映了五世纪前半叶饱受动乱之苦的敦煌民众盼望弥勒早日出世，结束战乱的愿望。

洞窟内除了塑像以外，在四壁和顶部则画满了壁画，造成一个独立的宗教世界。企图使人们走进洞窟犹如走进佛国，在艺术美感的潜移默化中，吸引人们信奉佛教。

莫高窟的壁画多数属于水粉壁画。它的制作程序是先把碎麦秸和麻刀和成的泥涂抹在壁面上，其厚度约半寸，然后再在泥壁上涂上一层薄如蛋壳的石灰面，打磨光滑作底。作画时先用赭红色打底，也有用淡墨线打底的。所用颜料大都是粉质的，不透明，层层涂绘，最后再用色或墨线描绘一层就完成了。壁画所用颜料有烟炱、高岭土、赭石、石青、石绿、朱砂、铅粉、铅丹、靛青、栀黄、红花(胭脂) 等十几种。其中石青、石绿、朱砂、赭石等为矿石颜料，不易变色，唯赭石颜色略为变深，但含铅的颜料却往往因氧化由白变黑。所以，莫高窟早期的壁画至今颜色多已变得暗淡、浓厚。这种虽已非当年本色的壁画，却也另有一番魅力。莫高窟的壁画内容十分丰富，且在每一个石窟中大体上都有一个整体布局。一般说来，四壁的中间部位即人们平视的最佳部位画佛像和主题故事画，这些画的下边是小身的供养人即出资造窟者的画像；四壁上端绕窟画天宫伎乐；壁画中部的空隙处则布满千佛；窟顶画装饰性图案和平棋、藻井。

北凉时期洞窟内的壁画是为禅僧们修习禅定和善男信女巡礼瞻仰用的。主要内容有佛说法图，佛传故事（宣传佛祖释迦牟尼的生平事迹）和佛本生故事。其中，佛本生故事画最为引人注目。所谓佛本生故事是指追述佛的前生的故事。按照佛教的说法，凡是有生命的东西都永远像车轮一样在地狱、饿鬼、畜生、阿修罗、人间、天堂六个范围内循环转化，这就是所谓"六道轮回"。佛祖释迦牟尼在成佛以前，当然也在轮回之中，但因他是圣者，所以早在成佛以前的若干世轮回中，就积累了很多教化众生、舍身救人的善果。这类事迹被佛教徒称为佛本生故事。实际上佛本生故事不过是印度佛教徒把许多民间的寓言和传说，穿凿附会成为《佛本生经》，把其中好的主角说成是佛的前身，而坏人则说成是他的仇敌调达和波旬的前身。

这些来自民间的本生故事，通过艺术家的彩笔，成为莫高窟壁画中最富有人间气息的动人作品。如第275窟中的"尸毗王本生"。这幅画反映的是佛在前世中曾转生为尸毗王。尸毗王曾发誓要普渡一切。天堂的主宰帝释为了考验尸毗王是否至诚行道，便命其属下的毗首羯摩化作鸽子，自己则化成一只追逐鸽子的鹰。鸽子逃到了尸毗王腋下求救，鹰追至殿前向尸毗王索取鸽子。尸毗王说：我誓愿普渡一切，它既来投我，便不能给你！鹰说：如果断了我的食，我就要饿死，大王既要普渡一切，为什么不渡我？尸毗王一听，觉得这话也对，于是便问：给你别的肉吃行不行？鹰说：我只吃新鲜的热肉。尸毗王既要救鸽，又不忍心杀害别的动物，便决定从自己身上割肉来喂鹰。鹰提出只要和鸽子一样重的肉就够了。于是，尸毗王叫左右拿秤来，秤盘一端放鸽子，一端放从自己身上割下来的肉。但尸毗王几乎把身上的肉都割光了，还是没有鸽子重。他便使尽最后的力气举身登上了秤盘，并为自己尽力做了善事而感到高兴。尸毗王舍身救鸽子的行为感动了帝释，这时大地震动，鹰和鸽子忽然不见了。帝释还复了本形，并用神力使尸毗王身体复原。

画家在描绘这个故事时，只是从这个故事中选取了割肉和过秤两个连续情节。用它来概括故事的整个过程。画面结构虽然简单，但主题却十分明确。

在第275窟中，还画有毗愣竭梨王为求妙法而甘愿在身上钉千钉和月光王以头施人的本生故事画。这类宣扬忍辱牺牲，累世修炼的题材的出现，也是当时时代苦难的曲折反映。频繁的战乱使人民群众遭受巨大牺牲，就是统治阶级的安全，也常没有保障。面对这种血淋淋的现实，佛教宣扬的这种忍辱牺牲，以求来世成正果的教义，自然较易于被人们接受，使他们在精神上得到一些慰藉。我们从这些作品的悲惨内容中，也仿佛真的接触到了那个苦难世代的善良人民，听到了他们的叹息和呻吟。

十六国时期的石窟艺术，明显地受到了希腊文化和印度文化的影响。

敦煌石窟艺术是一种宣传佛教思想的文化艺术。这种佛教艺术与佛教一样发祥于印度，所以，它受到印度文化的影响。而佛教艺术在形成过程中又受到希腊文化的影响。佛教艺术在印度形成的时间是在佛教创立二百年以后，其原因是佛教在创立初期没有偶像崇拜，并且还禁止塑造释迦牟尼的形象。印度佛教徒开始大造佛像，是在孔雀王朝的阿育王时期（公元前二七三至二三三年）。阿育王在统一了印度以后，皈依了佛教，此后他终身致力于在印度传播佛教，在印度掀起了信仰佛教的热潮。这一时期，犍陀罗地区（在今巴基斯坦的白沙瓦和阿富汗东部一带）的工匠开始进行佛教艺术的创作。犍陀罗地区在孔雀王朝以前曾被希腊人建立的亚历山大帝国占领，受希腊文化影响很深。而参与佛教艺术创作的工匠中有一部分就是希腊人的后裔。这个地区的工匠在从事佛教艺术的创作时，糅合了希腊、印度以及波斯的艺术手法，从而形成了著名的犍陀罗佛教艺术。印度著名的阿旃陀石窟就开凿于这一时期，这个石窟中已有了精美的雕塑。到公元二世纪初，贵霜帝国的国王迦腻色迦明确废止了不许造佛像的戒条，许多地方在修建塔寺的同时，也开始修建佛像，从而推动了犍陀罗艺术的发展。

犍陀罗艺术形成以后，便经由三条路线向外传播，其中有一条就是从大月氏越过葱岭传入我国。在传入敦煌之前，先在西域传播。我国目前最早的石窟寺就是位于丝绸之路上的古龟兹地区的克孜尔石窟，其开凿年代大约在东汉晚期。也就是说，发源于印度的佛教艺术在传入敦煌以前，已在西域流传了一个多世纪。在这期间，犍陀罗艺术已与当地文化相结合，形成了一种新的西域风格的佛教艺术。所以，准确地说，十六国时期的石窟艺术是直接受到西域佛教艺术的影响，而间接受到希腊文化和印度文化的影响。首先是在内容结构上借鉴西域石窟艺术。其次是在人物造型上与西域佛教艺术有许多共同之处。第三是在壁画表现技法上，也受到西域的影响。壁画表现技法，特别是表现人物立体感的明暗法，即以朱色层层叠染，再用白粉画鼻梁、眼睛和眉棱，以示隆起。这种办法传自印度，被称为"凹凸法"或"天竺画法"。这种画法被西域各族吸收以后，创造了一面染两面染等具有西域特色的新方法。十六国时期的敦煌壁画直接接受了这种晕染法。最后，就连壁画中的人物衣冠服饰，也基本上袭用了西域石窟中那种混杂印度、波斯风习的装束。

但是，十六国时期的敦煌石窟艺术决不是原封不动地照搬西域的佛教艺术。作为外来的宗教艺术，要想在具有发达的汉文化的敦煌扎根生长，获得当地民众的喜爱，就必须在题材内容、主题思想和艺术风格方面都要和当地的思想文化协调一致，以适应当地的风土人情。如在西域相当流行的印度式"丰乳细腰大臀"的裸体舞女和菩萨，一到敦煌便消踪匿迹，代之以"非男非女"的菩萨、飞天和伎乐的形象。这显然是在不违背佛教思想的前提下，为适应儒家审美观而作出的改变，这应该就是佛教艺术中国化的一个表现。第 272 窟内的菩萨，俯首沉思，默默无语，诚挚而宁静。这种淳和庄静的人物风采，也是佛教和儒家的一致要求。十六国时期的石窟艺术深深受到儒家的"仁"和"静"的思想熏陶，在艺术内容和风格上，或多或少都印上了一层儒家的色彩。

其次，在十六国时期的壁画中，继承了汉晋壁画的传统，特别是敦煌与河西魏晋壁画的传统。如单幅画和稍后出现的组画、横卷式的故事画等，每画都有榜题，采取了传统的"左图右史"的形式。技法方面采用了墓室壁画中所使用的线描。运用这种方法，可以用简练的笔墨勾画出真实、生动、性格鲜明的人物形象。它一般用粗壮有力的土红线起稿，勾出人物头面肢体轮廓，然后敷彩，最后再描一次墨线完成。由于壁画画在石窟里长期供人瞻仰，还要通过艺术形象去吸引人、感染人，以达到宣传佛教的目的，因此一般都比墓画严整精致，所以，在上色完成后，还要普遍描一次定形线把人物的形体和精神面貌显示出来，以加强形象的艺术魅力。十六国时期的线描如"春蚕吐丝"，秀劲而圆润，适合描写沉静温婉的人物。第 272 窟的线描，技法纯熟，是早期铁线描的典型。用这种方法描绘形象，有利于体现"以形传神"的中国传统美学思想。

最后，十六国时期的敦煌石窟建筑及窟内的装饰图案画，也深受汉民族传统形式的影响。如第 272 窟的形制，明显受到我国古代殿堂建筑形式的影响。第 275 窟的人字披顶和浮塑的脊枋、椽子，显然是将中原木构建筑的形式移植到了石窟中。第 268 窟顶部用泥塑叠涩平棋一排，第 272 窟顶部的叠涩式藻井，都是模仿我国古代建筑顶部的装饰。

可见，敦煌石窟艺术虽是外来的种子，但它是在敦煌的土壤里生长起来，接受了汉民族传统文化雨露阳光的抚育，开放出来的绚丽多姿的花朵，在一开始就具有鲜明的中国特色和民族风格。当然，我们也应看到十六国时期终究是敦煌石窟艺术的形成时期。总的说来，人们对这种新的艺术还了解得不够，因而还没有突破西域佛教艺术的体系，外来艺术与本土文化的结合还不够和谐，具有统一的民族风格的新艺术还未形成。

# （三）北朝

北凉沮渠无讳逃离敦煌以后，同年（公元四四二年），西凉李暠的孙子李宝趁机返回，并派他的弟弟李怀达为使向北魏表示投降。北魏便任命李怀达为敦煌太守，封李宝为镇西大将军、领护西戎校尉、沙州牧、敦煌公，统辖玉门以西的广大地区。公元四四四年，北魏将李宝召往都城平城（今山西大同），北魏从此直接控制了敦煌。

北魏控制敦煌之初，仍把这里作为经营西域的基地，魏太武帝还在这里设置了军镇。公元四四五年，太武帝命令成国公万度归征发凉州以西的兵士进攻鄯善。万度归率大军到达敦煌以后，留下辎重，率轻骑五千穿过戈壁抵达鄯善境内，迫使鄯善国投降。公元四四八年，万度归又攻破了焉耆和龟兹，于是西域的大部分都为北魏所控制，丝绸之路再次打通，西域的商人纷纷前来贸易。

但此时，柔然日益强大，开始与北魏争夺西域与河西。柔然是活动在北魏北部的游牧民族，久为魏患。魏太武帝晚年，北魏在西域强于柔然的优势逐渐动摇。公元四五〇年，柔然攻占了车师。公元四六〇年，柔然又攻克高昌，立阚伯周为高昌王。到献文帝时，敦煌以西，葱岭以东的广大地区都已臣属柔然。敦煌再次成为中原王朝防御少数民族政权攻击的前沿阵地。公元四七二年，柔然三万骑包围了敦煌，镇将尉多侯率镇兵英勇奋战，终于将敌军击退。同年，柔然军队趁尉多侯出城打猎时，又偷袭敦煌，并断绝了尉多侯的归路。尉多侯杀出重围，回到城中，率众出城再战，打败了前来偷袭的敌军。公元四七三和公元四七四年，柔然又两次骚扰敦煌，分别被镇将尉多侯和乐洛生杀得大败而退。公元四七四年，北魏政府中不少缺乏远见的官员动议放弃敦煌，把边界后撤到凉州，这实际上等于把整个河西拱手让给柔然。给事中韩秀认为如果放弃敦煌，不但凉州很难设防，恐怕关中也要不安宁了。韩秀的意见得到了魏孝文帝的支持，敦煌得以保全。孝文帝为了改变魏弱柔强的形势，决定加强敦煌镇的守备，并把敦煌镇升级置都大将。在公元四八五年以前任敦煌镇都大将的是穆亮，他在任时为政宽和，注意赈济抚恤贫苦百姓，使饱经战乱的敦煌有所恢复。这时，居住在阴山南北的游牧民族高车强盛起来。公元四八七年，柔然被高车打败。公元四八八年，柔然伊吾戍主高羔子率全城军民投降了北魏。公元四九二年，北魏派十万大军出击柔然，柔然从此衰落，敦煌也得到了安宁。

但是，北魏统治者在恢复和发展敦煌经济方面却没有采取什么有力的措施。直到神龟年间（公元五一八至五二〇年），凉州刺史袁翻在向朝廷报告凉州的状况时仍说这里地广民稀，缺少粮食和甲仗，而敦煌、酒泉一带就更加空虚。针对这种情况，袁翻建议在河西实行屯田，并采取切实措施加强敦煌与整个河西的防御。

公元五二四年，北魏爆发了六镇起义，无暇顾及在河西实施袁翻的正确建议。同年，孝明帝下令改镇为州，敦煌镇因盛产美瓜，故改为瓜州。六镇起义在敦煌也有反响。瓜州一带也有小规模起义，刺史、太守被杀，州城被占领。北魏为加强对瓜州的统治，于公元五二五年派明元帝的四世孙元荣出任瓜州刺史。公元五二九年，元荣被封为东阳王。此时，由于关陇起义的爆发，瓜州与中原的联系隔断了。公元五三一年，关陇起义被镇压，但北魏也于五三四年分裂为东魏、西魏。河西属西魏，元荣又成为西魏的瓜州刺史，直至五四四年，元荣坐镇敦煌近二十年。元荣死后，瓜州大户推举元荣的儿子元康为刺史。但元荣的女婿邓彦不服，杀元康自称刺史。当时西魏忙于对付东魏，顾不上边陲的瓜州，因而也就任命邓彦为瓜州刺史。但邓彦又与少数民族首领勾结，图谋叛乱。于是，西魏任命申徽为河西大使，在瓜州大族支持下智擒邓彦，使瓜州避免了一次流血事件。公元五四六年，瓜州张保又起兵作乱，杀死刺史成庆。西魏政府无力派兵平叛，敦煌大族瓜州都督令狐整与当地豪杰并力逐走张保，使瓜州再度稳定下来。西魏朝廷乃派为河西民众所信赖的申徽为瓜州刺史。申徽在任为政勤俭，受到瓜州民众的欢迎。但由于此时突厥、吐谷浑分别在河西北部和东南部兴起，控制了西域，申徽也只能做到保境安民，守住这块前沿阵地而已。

北周取代西魏以后，继续在敦煌设置瓜州。但因其主要注意力在统一中原，故在经营开放敦煌方面未采取什么有力措施，更谈不上改变敦煌的防守局面。

北魏灭北凉时，曾把河西不少僧人和佛教设施迁到平城，对内地的佛教发展起了促进作用，却影响了凉州以及敦煌佛教的发展。四四六年，崇奉道教的魏太武帝拓跋焘在道士崔浩策划下大规模废佛，命令各地官吏捣毁塔庙佛像，烧毁佛经，坑杀僧人，北魏境内的塔庙几乎被扫荡一尽。直至公元四五二年，文成帝即位，才下令恢复佛法。所以，在北魏统治敦煌之初的十年，佛教在敦煌的传布受到了影响。但自恢复佛法以后，内地的佛教发展迅速，至魏孝文帝时再度兴盛，敦煌也不例外。再加几位来自中原的地方长官崇奉佛教，更是大大推动了敦煌佛教的发展。孝文帝时受到敦煌百姓爱戴的都大将穆亮，就十分崇信佛教。他的夫人曾在洛阳参加龙门石窟的造像活动。在北魏末、西魏初担任瓜州刺史的东阳王元荣，也是位佞佛之徒。在他赴任之初，敦煌内乱刚刚平息，不久与中原的通路又被阻断。在这种情况下，元荣想利用佛教稳固政权，于是大兴佛事。公元五三一年，他以银钱一千文，赎钱三千文施入寺院造经，公元五三二年，他出资造《无量寿经》一百部、《维摩疏》一百部、《内律》《贤愚》《摩诃衍》《观佛三昧》《大云》等经各一部；公元五三三年，又出资造《贤愚》、《法华》等经一百卷。除了大量写经，元荣还在莫高窟修窟造像。在他的带动下，莫高窟掀起了第二个建窟高潮。莫高窟现存北魏统治敦煌末年到西魏统治敦煌时期开凿的洞窟有十个，这十个洞窟都与元荣有直接或间接的联系。北周时期，瓜州刺史建平公于义（在任时间约为公元五六五至五七六年）也很崇信佛教，他在任上也开展了修窟造像活动。正是在东阳王、建平公等敦煌地方长官的带动下，莫高窟的开窟造像之风才兴盛起来。

公元五七四年，北周武帝下令废佛灭法，诏令也推行到了敦煌，城东的阿育王寺与城内的大乘寺均遭毁灭。但这次灭佛活动对莫高窟似乎影响不大，开窟造像活动一直在进行。

这几位来自中原的崇信佛教的敦煌地方长官不仅推动了敦煌佛教的发展，还由于他们带来了中原的文化艺术使敦煌石窟艺术的风格发生了巨大变化。北朝时期的敦煌石窟艺术可以元荣出任瓜州刺史为界分为前后两个阶段。

前一阶段也就是北魏统治敦煌前期（公元四四二至五二五年）约八十多年，现存八个洞窟。其基本特点是西域佛教艺术的影响逐渐减少，而中原文化特色却日益浓厚。从洞窟形制上看，十六国时期的三种不同窟形都不见了，中心柱窟成为基本窟形。这种窟形的特点是：窟室平面呈长方形，在主室后部中央凿出通连窟顶与地面中心塔柱。柱身四面凿龛造像，正面为一大龛，其余三面都是两层龛。在窟室后部，中心塔柱与龛室侧壁、后壁之间形成绕塔右旋的通道，通道上方为平顶，在塔柱前面约占全室纵深三分之一的部分，顶部凿成人字披形状，并塑出半圆形模仿木结构的椽子、檐枋和脊枋。这种居中凿建塔柱的洞窟，可供僧人和信徒绕塔观像和礼拜供养。

这一阶段洞窟中的塑像已由北凉时的单身塑像发展为成铺的组像，即一般在居中的主尊佛或菩萨的两侧增加左右胁侍菩萨；但也有个别情况，如第251窟是在主尊两侧塑天王像。这种组像的出现当是受封建帝国"左辅右弼"的观念影响所致。但在人物造型、衣冠服饰和艺术风格上都还保留着西域色彩。除了主体性圆塑以外，在中心塔柱的四面还出现了单身单跪状圆形头光影塑供养菩萨。这种附属性影塑，应是侍从的形象，它一般是用泥制的模具制成。

本阶段壁画的内容更为丰富。以故事画为主体。与这一阶段敦煌动荡不定的历史背景相关，本生故事画此期仍然流行。除北凉时已有的"尸毗王本生"外，又增加了悲剧性的"萨埵饲虎本生"和带有寓言色彩的"九色鹿拯救溺人本生"。"萨埵饲虎本生"是描述宝典国王子舍身饲虎的情节。佛经里说：宝典国王有三个儿子，最小叫摩诃萨埵。一天，萨埵和两个哥哥游观园林，到了一座山崖，看到崖下嗷嗷待哺的七只幼虎围绕一只饿得奄奄一息的母虎。三位王子都起了同情心。大王子说：这只母虎产子不过七日，七子围绕不能外出求食，眼看就要吃自己亲生的孩子了。萨埵问哥哥道：这老虎喜欢吃什么？大王子回答：它只吃新热血肉。但现在马上就要饿死，替它寻食已经来不及了。萨埵听了，发愿要牺牲自己来救这饿虎，怕两位哥哥阻拦，便催大家回去，归途中他设法调开哥哥们，独自回到饿虎所在地，脱去衣服，躺在饿虎面前，舍身饲虎。但这只饿虎已经衰弱得连撕吃肉食的力气也没有了。于是萨埵又爬上山岗，用干竹枝刺破自己的血管，然后纵身跳落到老虎身旁。饿虎闻到血腥，便用舌头舔食，慢慢有了力气，便把萨埵整个身子都吃掉了，只剩下一堆骨头和毛发。消息传到宫中，国王和王妃哭泣着赶到现场，把摩诃萨埵的骨骸拾在一起，在那里建起了一座七宝舍利塔。这个摩诃萨埵当然就是释迦牟尼的前身。

这个故事在第254窟采用异时同图的结构，将曲折复杂的情节巧妙地组合在同一画面上。这种构图比北凉时期本生故事画仅取故事中的一个情节有很大进步，它打破了时间和空间的限制，人物反复出现，每一情节都围绕勇猛舍身的主题，并逐步深化。从而使这幅画的主题十分鲜明和突出。这幅画在色彩运用上，以深棕为主调，错综着青、绿、灰、黑、白等冷色，构成严肃沉重、阴森凄厉的气氛，也大大加强了艺术感染力。

这个故事的基调与"尸毗王本生"等本生故事完全一致，宣扬的是舍己救众生的思想。佛教把人和虫鱼鸟兽同等看待，抹杀人的社会属性，要人们去忍受无止境的屈辱和牺牲。

第257窟中的"九色鹿本生"故事壁画在表现手法上与"萨埵饲虎本生"又有不同。它采用了汉晋儒家思想故事画经常使用的横卷连续画形式。每一情节标以榜题，构成完整的汉式画像带。这种构图完全是中国自己的民族形式。

在这一阶段的故事画中，西域衣冠人物，出现了头戴胡帽，身着汉式深衣大袍的世俗人物，与汉族供养人画像的服饰相同。说明故事画已开始世俗化和本土化。壁画人物的造型，人体比例修长，人物动态亦绰约多姿而富有情致，人物面相丰满，由椭圆变为条方，与魏晋墓画中的人物相近。为了适应民族审美的特性，佛教壁画的造型与汉晋传统绘画的造型进一步结合起来了。人物的晕染，逐步与面部肌肉的起伏相结合，由形式感较强，运笔粗犷豪放的圆圈晕染，变为合理而细腻柔和的晕染。

与这一阶段北魏全境（包括敦煌）仍然盛行禅业相关，此期的塑像壁画多与坐禅观佛有一定联系。按照佛教的要求，禅僧在修习禅定时，先要"观"佛像。这里的"观"，有"看""念""想"等意思。所以观像首先是在佛像前仔细观看，在头脑里留下深刻印象，然后到僻静处（窟内禅室或窟外禅房）闭目打坐，把注意力集中到佛像上，不能有其他杂念。

依照佛教修习禅定的次序，在修习完"观"佛像以后，还要"观"释迦牟尼的一生。也就是依据佛传故事而塑造的释迦牟尼出家、苦修、成道、说法等各种形象。此期中心塔柱四面龛内的造像似乎就与修习禅定时"观"佛传各相有关，而窟内壁画中的佛传故事画则可以确定与禅僧修习禅定有关。"观"过释迦牟尼的一生以后，还要"观"释迦牟尼的前生。所以，洞窟内的本生故事画也与修习禅定有关。在"观"释迦牟尼前生时，还包括"观"佛的"神通力"，佛经中有许多介绍佛的神通的因缘故事。为了适应禅僧们的需要，此期洞窟中出现了因缘故事画。第257窟北壁和西壁的"须摩提女因缘"，描绘的是释迦牟尼以法力征服六千外道。

这幅画以连环画和组画相结合的形式，描绘了十七个场面。特别是对腾空飞来的乘骑的刻画，别具匠心。如牛的犷悍、龙的矫健、马的奔腾、象的笨拙、孔雀的翩翩翔翔、天鹅的悠然自得、琉璃山的凝重沉寂等，意趣各不相同。

此外，沿袭北凉石窟的佛说法图，和虽在北凉时期已经存在但在此期更为突出的千佛画，也与修习禅定有关。佛教编造大量千佛名号，是为了念佛的需要，而念佛见佛，本属修行禅业的内容。佛教认为禅僧如能修行禅业成功，可在定中见到一佛进而逐渐增加可见到十方一切诸佛。本期第

251、260、263 等窟的壁画布局，都是南北壁中间（或偏东）画佛说法图，左右上三面画千佛。这些千佛虽然千篇一律，但它们四、五个一组，以红、绿、蓝等色有规律地交错配置，组合成霞光万道的效果，使窟内的宗教气氛异常浓烈。这种环境当然有助于禅僧长期高度集中注意力，沉迷于佛国的想象，以便在脑海中浮现出十方三世诸佛来迎的幻景。

自元荣出任瓜州刺史（公元五二五年）至北周灭亡（公元五八一年），是北朝敦煌石窟艺术发展的第二阶段，其基本特点是突破了西域佛教艺术的规范，开始形成具有敦煌特色的中国式佛教艺术体系。

在元荣出任瓜州刺史之前，北魏孝文帝为适应社会经济的发展，缓和阶级矛盾和民族矛盾，在五世纪末叶推行了一系列的汉化措施。孝文帝改革以后，北方的一些石窟寺与画像石刻上都出现了南方所崇尚的"秀骨清像""褒衣博带"的人物形象。北魏宗室成员元荣在赴瓜州就任之际，就把孝文帝改革后的中原文化艺术带到了敦煌。在现存元荣任瓜州刺史近二十年开凿的石窟中，我们可以看到以下两点明显的变化。

一是在塑像和故事中出现了中原汉装或南朝名士的形象。就塑像来说，这一时期塑像的基本内容和组合方式和前一时期大致相同，一般都是一佛二菩萨。但在造型上大多变成了面貌清瘦、眉目疏朗、身体扁平、脖项细长的形象，与以前的面相丰圆、鼻梁隆起直通额际、眉长眼鼓、肩宽胸平的形象形成鲜明的对照。塑像的服饰也发生了明显变化，佛像由穿右袒式或通肩式赤布僧伽黎(红色大衣) 变为内穿交领襦，胸前束带作小结，外套对襟式袈裟；菩萨像也由一致的高髻，戴金冠，发披两肩，上身半裸或斜挎"天衣"，腰束羊肠裙变为服饰不一，其中已有大冠高履，褒衣博带的形象。这一时期塑像的表现手法也变得更加丰富，使人不再有单调平直之感，性格的类型化逐渐明显。如佛的庄严慈祥、菩萨的清秀恬淡、天王的庄严威武、力士的威猛粗犷，等等。这一时期塑像所发生的上述变化，应该说是反映了汉族士大夫的美学思想，从这些形象上可以清楚地看到当时风靡于士大夫阶层中间的通脱潇洒的风貌。壁画也是如此。不仅潇洒飘逸的风格，"秀骨清像"式的人物形象和褒衣博带的中原衣冠也普遍出现。而且突破了土红涂地所形成的浓重淳厚的色调和静的境界，出现了爽朗明快、生机勃勃的生动意趣。

就连窟顶的装饰图案也进一步民族化。原来模仿我国古代建筑顶部的装饰藻井又变成了华盖。华盖本是天子和王公大臣的伞。第 285 窟的藻井除中心垂莲外，四边桁条上装饰着忍冬（一种植物变形的纹样）、云气、火焰、彩铃、垂幔等纹样，四角悬挂着兽面、玉佩、流苏、羽葆，是一顶典型的汉式华盖。它是莫高窟首创的具有民族特色的装饰形式。

二是出现了我国传统的神话题材。这些内容主要画在西魏时期的第 249 窟和第 285 窟顶部。这两个洞窟的形制均为平面呈方形，顶部形如覆斗。这种窟形后来发展成为敦煌石窟的基本形制。这两个洞窟的顶部中心是覆斗形藻井，四面斜披上部画神仙云气以示天，下部画山林野兽以表地，形成一个具有空间感的画面。249 窟南顶画三凤驾车，车中坐一女神，高髻大袖长袍，旁边站立着手持丝缰的驾车人，这位女神是西王母。北顶画四龙驾车，车中坐一男神，笼冠大袖长袍，也有手持丝缰的驾车人，这位男神是东王公。这两驾车顶部都画有重盖，车前有乘龙骑凤扬幡持节的方士引导。车旁有鲸鲵文鳐腾跃，车后旌旗飞扬。人头龙身的开明神兽尾随于后，形成浩浩荡荡的行进行列。

285 窟东顶画伏羲女娲，南北相对，人首蛇身，头束鬟髻，身穿交领大袖襦，胸前画日月，肩上披上巾。伏羲一手持矩，一手持墨斗。女娲两手擎规，双袖飘举，奔腾活跃。此外，还有龟蛇相交的玄武，昂首奔驰的白虎，振翅欲飞的朱雀等守护四方之神，还有旋转连鼓的"雷公"，挥舞铁砧的"霹电"，头似鹿、背有翼的"飞廉"，兽头鸟爪嘴喷云雾的"雨师"等古代神话传说中的自然神；还有人头鸟身的"禺强"，兽头人身的"乌获"，竖耳羽臂的"羽人"，等等。与仙鹤共翱翔，随彩云而飞动。

顶部的下方一周，画山峦树木和各种动物；奔驰的野牛，饮水的黄羊，攀缘的猕猴，惊悸的麋鹿，贪馋的虎，嚎叫的白熊，带仔的野猪，拴缚在树上的马，以及射虎、追羊、杀野猪、射野牛等人间的活动。这种象征宇宙的壁画，早在战国时代屈原的作品中就提到过。

把这类在中国土生土长的题材画在佛教洞窟中，与佛教故事画在一起，就形成了"中西结合"的画面。249 窟西顶画着赤身四目、手擎日月的阿修罗王。阿修罗背后，有高耸的须弥山，山上有"天城"，这种把佛经中的天堂拿来代替道家的仙山琼阁，是把道家"羽化升天"和佛教的"极乐世界"合为一体。我们前面已经提到，道教至迟在晋代就已传入敦煌，而285、249窟顶部的壁画正是外来的佛教和敦煌本土的道教思想互相融合的结果。

北魏后期农民起义风起云涌，敦煌也发生了内乱和叛乱。在这种背景下，第285窟中出现了"五百强盗成佛图"。

"五百强盗成佛图"共画了八个场面，画面以激烈的战斗开始，最后以强盗出家告终。壁画中描绘的拼命厮杀的残酷场面，以及失败后遭受酷刑的悲惨状态，确实可使有叛乱之心者畏惧止步。而出家为僧的结局，又正好为已经成为叛逆者的人指出了一条生路。

北周时期，担任瓜州刺史的建平公于义再次从中原带来了文化艺术。在他的带动影响下，北周时期的敦煌石窟艺术继续沿着元荣开辟的风气向前发展。

北魏孝文帝改革以后，北方的佛教也开始注重对佛教经义的研读和宣讲，和以前只重视修习禅定已不一样。与这种变化相关，北周时期禅窟已经不见，中心塔柱窟也大大减少，而殿堂窟已成为主要窟形。这种窟形窟内有较广阔的活动空间，便于信徒在这里举行礼拜及其他活动。所以，北周时期窟形发生的变化透露出敦煌地区的佛教信仰方式已逐渐由禅修变成了单纯的供养礼拜。

北周洞窟内的成铺塑像，比前一时期又增加了迦叶和阿难二弟子像，从而变成了一佛二菩萨二弟子这种一铺五身塑像的新组合。值得注意的是，阿难均塑为汉族形象，面相丰圆，少年聪俊；迦叶则为胡貌，高鼻深目，大眼宽腮。有的肌肉松弛，老态龙钟；有的满面笑容，但笑中带有苦涩的味道，真实地刻画了迦叶饱经风霜的经历。塑像的主要特征是面相丰圆，方颐，头大而下身短。佛的服装均为褒衣博带，菩萨的服装则以裙披式为主。这都表明外来的佛教艺术与本土文化的结合有了进一步的发展。

在第297窟的龛楣上还出现一个浮塑交龙羽人像。羽人头生双角，臂有羽，鸟爪，一脚跨于龙背，似有乘龙之意。这与汉晋以来墓室中属于神仙方士系统的羽人乘龙有着明显的渊源关系。这种寄寓了神仙思想的佛教塑像是敦煌佛道交融的又一例证。

北周洞窟中的壁画得到了全面发展。故事画种类之多样，情节之丰富，形式之完美都是前所未有的。第 290 窟的佛传图是一幅长达二十五米的连环画，这幅画是依据《修行本起经》为主画的。此画从太子乘象入胎，直到出家、成道和说法一共画了八十个左右主要场面，在东披和西披共分六列，每披上下共分三段，情节发展呈 S 形。全图互相衔接紧密地连成一气，内容丰富、完整，是我国早期佛传画保存最完整的一幅。

与同期的塑像一样，290 窟的佛传图在风格上也进一步民族化。图中人物的衣冠多为汉晋遗制，印度的净饭王变成了中国皇帝，摩耶夫人穿上了汉晋后妃的服装。太子还宫时，所乘的交龙车，就是顾恺之《洛神赋图》中的云车，不仅车上有龙头华盖，车旁还有文鳐卫护。线描造型，人物晕染，也都是用的中原手法。

不仅在风格上，在题材上也出现符合儒家伦理的宣传忠孝、慈爱的故事画。如第 290 窟的"善事太子入海求珠"，描绘的是善事太子为了救济国内的穷人，率五百勇士到大海中去寻找如意宝珠，经历千辛万苦，终于达到了目的。但在归途中却被贪得无厌的弟弟恶事刺瞎了双目，夺走了宝珠。后来善事流浪到了利师跋国，当了守园人，因他弹得一手好筝而博得国王女儿的爱慕，两人结为夫妻。最后，善事双目又重见光明，并回到了祖国，还请求父母宽恕了弟弟恶事的罪过。

上述题材故事画的出现，无疑是佛教逐渐适应我国国情，逐渐中国化的反映。就石窟艺术而言，当然也是它进一步中国化的一个表现。

从艺术风格上说，在北周时期的莫高窟中，自元荣时代出现的中原艺术风格已与原有的西域艺术风格从并存发展到融合。在造型上，中原式"秀骨清像"与西域式丰圆脸形互相结合而产生了"面短而艳"的新形象；在晕染上，中原式染色法与西域明暗法互相结合而产生了既染色也体现明暗的新晕染法；在人物精神面貌上，淳朴庄静与潇洒飘逸相结合产生了温婉娴雅，富于内在生命力的新形象。整个雕塑和壁画使人感到更浓厚的生活气息。这一切都表明，具有敦煌特色的中国式佛教艺术体系就要形成了。

# 六 隋与唐前期的敦煌

## （一）隋

公元五八一年，杨坚代周建立了隋，杨坚就是隋文帝。隋朝寿命虽短，却是我国统一的多民族国家发展史上的一个非常重要的时期。公元五八九年，隋文帝灭陈，结束了长达二百八十多年的南北分裂。其国力之强盛达到西汉以来一个新的高峰。

在隋代，敦煌的佛教发展十分迅速。首先是因为政治上的不太平为佛教的传播提供了土壤。屯守的戍卒，出征的士兵，转运的民夫，为了祈求平安返回内地，往往求之于佛。如敦煌遗书所记隋大业十二年（公元六一六年）刘圆净写经题记中有"愿早离边荒，速还京辇"。当地百姓也由于战乱和繁重的兵役、徭役而觉得今生无望，故求佛保佑他们来世脱离苦海。这反映出了人们对现世的悲观情绪，说明隋代敦煌地区的动乱与战争是佛教兴盛的社会原因。

其次，隋文帝父子对佛教的大力提倡，是敦煌佛教迅速发展的重要原因。隋文帝在提倡佛教方面不惜钱财，大写佛经，广造寺塔。炀帝虽然荒淫奢侈，但在笃信佛教这一点上却甚于其父。在最高统治者的提倡下，隋朝的佛教很快就恢复到北周武帝毁法以前的盛况。在北周武帝毁法时并没有遭到严重破坏的敦煌佛教，当然也就在原来的基础上更为迅速地发展起来了。据王邵的《舍利感应记》记载，公元六〇一年隋文帝令各州建舍利塔时，瓜州也在崇教寺起塔，而崇教寺就在莫高窟。此外，莫高窟藏经洞中还保存了一些隋宫室成员的写经。如斯 2514《佛说甚深大回向经》的题记是："大隋开皇九年（公元五八九年）四月八日，皇后为法界众生敬造一切经，流通供养。"斯 4020《恩益经卷第四》的题记是"大隋开皇八年（公元五八八年）岁次戊申四月八日秦王妃崔为法界众生敬造杂阿含等经五百卷，流通供养。"前一卷无疑是在都城长安写的，后一卷是隋文帝第五子秦王俊任山南道行台尚书令时，其妃崔氏在其任所修造的。由于都是"流通供养"，很可能是专门送到敦煌的。这些一方面说明隋统治者对佛教的倡导已远及到了敦煌，同时也反映出敦煌在隋代佛教中已占有重要的地位。

最后，来往于敦煌的商人，对敦煌佛教的发展也起到了积极作用。此时，丝绸之路经过数百年的不断开拓，已逐渐由原来的南北二道发展为三道。即北道，在天山北路，由伊吾经蒲类海(今巴里坤湖) 等地至西海(今地中海)；中道即天山南路的北道，由高昌、焉耆、龟兹等地而至西海；南道即天山南路的南道，由鄯善（今若羌）、于阗等地而至西海。伊吾、鄯善、高昌分别是这三条大道的起点，敦煌则是这三条大道的总出发点。商人行旅由此西去，越过阳关、玉门关就是无尽的戈壁大漠，等待他们的是不测的风暴、迷路、饥渴、抢劫等难以尽数的困难。在离别敦煌前向佛寺布施，祈求佛的保佑，不仅在心理上是个安慰，也会增加他们克服困难的勇气。

正是由于有统治者的提倡和支持，又有上自皇帝、王公贵族，下至士兵、戍卒、平民百姓与过往商旅等广泛阶层的信仰，使敦煌佛教与当时全国一样得到了迅速的发展。

隋代政治上的统一还促进了南北佛学的统一。南北朝时，佛学分为南北二统。南方重视对佛教义理的探讨，北方则注重行为、修行、坐禅、造像。北魏孝文帝改革以后，北方大力吸收南方的文化，北方的佛教徒也开始注意对佛教教义的研读和宣讲。隋的统一为南北文化的进一步融合提供了有利的条件，也促进了南北佛学的合流，从而形成了对佛教义理的探讨与宗教修行并重的共识。这个认识总结了自孝文帝改革以来南北佛学发展的趋势，并为以后的唐代所因循。这种统一后的佛学，由于隋统治者的提倡也影响到了河西与敦煌。与此同时，倡导以大悲为首，普济众生，自利利他，要求把个人的宗教修习同对众生的宗教宣传结合起来，把个人成佛同解脱众生结合起来的大乘佛教思想也开始在敦煌流行。

与敦煌佛教的迅速发展相适应，莫高窟在隋代也进行了大量的修凿。现存隋代新建的石窟一百零一个，北朝窟经隋代重修的有五个。隋代在短短三十多年间保存下来的洞窟比现存莫高窟早期二百年间所开洞窟的总数还多一倍，反映了隋代敦煌佛教的兴盛。隋代敦煌石窟艺术与隋代佛学的发展相关，具有上承北朝，下启盛唐，包前孕后的过渡性质。这一点在洞窟的形制、彩塑和壁画等方面都有表现。

隋代石窟形制主要有三种。第一种是中心柱窟，这是继承前代遗制，但也略有变化。其表现是中心柱的正面一般不再开龛，仅置三尊大像（如第292、427窟），中心柱前为比较开阔的前厅，其南北两壁亦各置身高三、四米的大立佛像（一佛两菩萨）。前室内两侧塑天王和力士，均高三、四米。这些新出现的巨型塑像已成为洞窟的主体，而中心柱退居次要地位，开皇年间（公元五八一至六〇〇年）还出现另一种中心柱窟。石窟平面为方形，中心柱下部为方坛，中心柱上部呈倒塔形直通窟顶，塔刹四龙环绕，以象征须弥山。第320、303两窟就属于这种形制。在略晚于上述两窟的第305窟，中心柱上部的倒塔也消失了，只剩下了佛坛。后来到大业九年（公元六一三年）前后的洞窟，如第282、280、287、293等窟，连中心佛坛也没有了，仅留下了窟顶前部的人字披；有时，人字披还移到了窟室的后部，与平顶对调了位置；有的则整个窟顶就是一个人字披。这种窟形实际上已由塔庙变成了殿堂。

最主要的窟形是殿堂窟（即覆斗顶窟）。其平面为正方形，窟顶作覆斗状，窟顶四面呈斜披。这种形制最早出现于西魏的249窟。北周时期有较大发展，在隋代成为基本窟形。在窟中有的正面开龛，有的三面开龛，有的作马蹄形佛床，有的依壁造像，布局多种多样。这种窟形为以后的唐代所沿袭。由于这种覆斗顶的殿堂窟形与河西走廊魏晋时代覆斗形顶的墓室建筑结构有传承关系，所以，隋代中心柱窟向殿堂窟演变和殿堂窟成为基本窟形，表明敦煌石窟在形制上已逐渐摆脱了前代注重模仿中原寺院，效法西域石窟的窠臼，进一步中国化。

隋代的塑像也具有明显的继往开来的过渡性特征。首先是继承并发展了北周时期的群像形式。在一龛之内以佛为主尊，两侧侍立二弟子、二菩萨或四菩萨，形成三至七身一组的格局。一些石窟内出现了北朝时期所没有的天王像和很少见的力士像。这种有主有从、有坐有立、有文有武的群像，到唐代发展为定制。第427窟是隋代塑像最多的一窟。在主室前厅，有三铺共九身高达三、四米的巨型立像，每铺都是一佛二菩萨；中心柱的两侧面与后面的龛中，各有一铺（一佛二弟子）等身说法像。前室南北壁各有两身足踏地鬼、全身盔甲的巨型天王像。西壁门两侧又有一对裸体束战裙的侍卫力士。这是隋代规模最大的彩塑群像，艺术水平也很高。可以说是隋代塑像的精华。

隋代彩塑表现手法上也有所发展。在北朝时期那种以圆塑、高浮塑和影塑等多种形式相配合的老手法基础上进入了主体雕塑的发展阶段，塑绘技术达到了新的水平，因而出现了许多光彩夺目的作品。以菩萨像为例，形体健硕，面相丰腴，有的一手提瓶、一手拈花或持柳枝，有的微屈一膝，重心放在另一条腿上，姿态微微斜欹。这和胸平、肩宽、双腿直立的早期菩萨像相比，显得更有变化而优美。隋代彩塑整个造型沿袭北周而又有发展。典型的特征是面相方正、鼻梁略低、耳垂加长、头大体壮、上身长而腿短，进一步摆脱"秀骨清像"，追求的是雍容凝重，开始往唐代丰肌圆润的风格发展。

隋代以前的敦煌彩塑，泥塑完毕以后就进行敷彩，面施"相粉"，口涂朱丹，画眉点睛，使五官清晰，脸色洁白如玉或泛红润光泽；发色青黛，衣饰朱紫，风格淳朴。从隋开始，塑像的装饰渐趋华丽。在佛的袈裟和菩萨的天衣上，也绘上了漂亮的织锦图案。如第402、419、420、427窟中联珠狩猎纹、联珠飞马纹、菱形狮凤纹、菱形团花纹等许多纹样，再加上金装的璎珞项饰，与采用重彩装金的圆光背光图案互相辉映，显得格外绚丽，从而开创了金碧辉煌的时代风格。敦煌彩塑赋彩的变化，是社会经济发展，丝绸贸易兴盛的结果。第420窟正龛外层南侧观音的裙子上满绘的联珠狩猎纹图案，最初来自古代波斯，是中西丝路贸易文化交流的产物。

隋代塑像还开始使用壁画中常用的晕染的方法。如第 420 窟西壁龛内的阿难像，面颊、眉棱、鼻梁、下颌，都像壁画一样加以晕染，现在色彩虽已变成棕红，但晕染的痕迹仍然清晰可辨。

隋代的彩塑，在北周具有浓厚的生活气息的艺术风格基础上，进一步接受了当时中原佛教艺术的影响，充分利用了在形象上的写实技巧和典雅富丽的色彩，给神的形象赋予了现实中人的面貌和精神，使塑像开始摆脱早期塑像的神秘感。麦积山牛儿堂的隋代菩萨和第 60 窟的北周菩萨，方脸、直鼻、眼珠突出、神情恬和，上身着僧祇支、腰束重裙，等等，均与莫高窟第 420、419 等窟的菩萨形象非常相似。这表明敦煌彩塑不断地受到经麦积山石窟传来的中原风格的影响。

随着石窟形制和佛教思想内容的变化，隋代壁画的布局与早期略有不同。一般是在正壁龛内及龛外两侧画佛弟子及诸天，四壁上沿画伎乐飞天，中部主要壁面画千佛、说法图或经变，下部画供养人及药叉，窟顶则除藻井、平棋之外亦有千佛和经变。隋代壁画无论从篇幅还是从内容来看，都大大超过了前代。其内容除了前期已有的佛像画、本生故事画、因缘故事画、佛传故事画等以外，还增加了大量的经变画。而且随着时间的推移，故事画日渐减少，到隋晚期，本生画已经消失，经变画却日益增多。经变画，一般说来，一切以佛经为依据的壁画，都可以称为经变或变相。但人们为了研究的方便，只把按一部经绘成一幅画的巨型结构称为经变。经变在隋以前已经出现，但在隋代内容开始丰富起来，结构也趋于宏伟。随着大乘佛教思想在敦煌的流行，大乘经变在莫高窟也不断出现。隋代经变除去图解抽象的教义，还包含着一些故事情节的描绘，画面结构上也适应新的内容创造出了新的形式。这类经变画到了唐代，就发展衍变为中国式的大型经变。隋代的经变画有"西方净土变""弥勒上生经变""法华经变""维摩诘经变""涅槃变""药师经变"等数种。

在佛教经典中，"净土"是指圣者居住的地方，是佛教徒们所追求的一种理想的极乐世界。"西方净土变"又称"阿弥陀经变"，根据的是《阿弥陀经》。经中说阿弥陀佛（又称无量寿佛）是西方极乐世界的教主。在那个世界中有七宝池，八功德水，金沙布地，金银琉璃阶道，楼阁亦饰金银琉璃，池中的莲花大如车轮，还有种种杂色奇妙之鸟，微风吹动宝树发出微妙的声音。这样的极乐世界图在隋代还不甚完备，一般都是在画面中央绘出作说法相的阿弥陀佛和观世音、大势至两菩萨，周围有众弟子和菩萨环绕。说法图中出现莲池和瑞鸟。只有第 393 窟突破了说法图的格局，表现了坐在出水莲台上的"西方三圣"，并用水池、鸳鸯、莲花、化生和宝盖、花树、飞天等，花团锦簇地烘托出西方极乐世界的神异景象。至此，与说法图大异其趣的西方净土变才初具规模，成为唐代绚烂辉煌的净土变的先导。

"维摩诘经变"在隋代也多了起来，分别绘于第 262、380、417、419 等十几个窟中。这些"维摩诘经变"主要是"文殊师利问疾品"。此品是"维摩诘经变"的中心与高潮，其大概情节是：毗耶离城有一大居士维摩诘，精通大乘佛教哲理，能言善辩，热衷于弘法传道，连释迦牟尼手下的菩萨、弟子也怕他三分，甚至"十方诸佛"也要听他调遣。他可以随心所欲地利用大乘空宗的哲理为他的每一个行为辩护。他有无数的财富，又有众多的妻妾子女，甚至他去赌场、下酒肆、逛妓院也是为了"渡人"。总之，他既享有人间一切荣华富贵，又在佛国世界中占有崇高的地位。维摩诘经常借称病吸引有智之士前来探望，借机辩论佛法。一次，他又在家装病，于是国王、王子、大臣、长者、居士、婆罗门等数千人都前往问疾，维摩诘以自己身体有病向这些前来探望的人说明人生就是病痛，毫无意义，进而劝诱他们皈依佛门，出家修行。释迦牟尼得知维摩诘装病，先后派十大弟子、四大菩萨前往问疾。但都因不敢与他辩论而托辞不去，最后只得派文殊师利菩萨前往。按照佛教的说法，文殊是诸多菩萨中所谓"智慧最胜"者，所以只有他敢承佛圣旨去问疾。诸菩萨、佛的大弟子、梵释四天王都随从前往。在两人辩论过程中，维摩诘又运用神力显示了许多不可思议的奇迹，甚至戏弄了佛弟子。正因为"问疾品"是《维摩诘经》的中心与高潮，所以我国各地现存的"维摩诘经变"都是以"问疾品"为中心。

据张彦远《历代名画记》记载，早在东晋时代，著名画家顾恺之就曾在瓦棺寺画过维摩诘像。现存最早的"维摩诘经变"是炳灵寺第 169 窟里的"文殊师利问疾品"，时间在西秦建弘元年（公元四二〇年）。这幅"问疾品"很简单，维摩诘身穿菩萨装，卧疾于床，以表示正在生病，是按照经文绘制的。云冈、龙门石窟里现在也保存一些北朝的"维摩诘经变"，都很简单。隋代敦煌莫高窟中的"维摩诘经变"画面均较小，构图亦较简单，"问疾品"均以维摩诘与文殊师利为主体人物，很自然地形成对坐论道的左右对称结构，因而多数绘于正龛帐门的两侧。第 420 窟的"维摩变"具有代表性，维摩诘与文殊师利对坐于两个殿堂中，文殊菩萨探身举手好像正在诘问，而维摩诘居士则从容不迫地挥动着麈尾，凭几对坐。四众列坐聆听，气氛肃然。殿堂之后有苍翠的林木，前面有碧波荡漾的水池，池中红莲绽开，鸳鸯戏水，孔雀展翅，还有萱草和忍冬点缀在这一优美的环境中。这种构图形式与云冈石窟第七窟南壁下层的"维摩诘经变"、龙门宾阳洞前壁西侧的"维摩诘经变"十分相似。这说明维摩诘的形象是从江南流传到中原，再从中原西渐到敦煌的。到了唐代，"维摩诘经变"在艺术上由隋代的基础上发展到了高峰。

"维摩诘经变"在隋代莫高窟中大量发现，是因为它所依据的《维摩诘经》所宣传的大乘空宗哲理符合当时统治阶级的需要。它把僧侣由坐禅诵经引向酒肆淫舍，又给酒肆淫舍蒙上大乘空宗的"圣洁"面纱。这正符合了封建统治阶级那种既贪恋人间的享乐又追求未来天堂的生活愿望。因此，维摩诘的形象在长时期内成了中国封建社会朝野僧俗普遍崇拜的对象。

隋代壁画中仍有中国传统神话、神仙故事中的人物形象出现，但已与佛教思想更加紧密地结合起来。如第 305 窟顶南北披，描绘的题材与前述西魏第 249 窟窟顶的东王公、西王母等形象一致。但图中出现了大量飞天，而且引导者由原来的持节方士变成了飞行的和尚。由和尚取代方士，如果和东、西披的飞天和摩尼宝珠联系起来，从整体上看，东王公、西王母的形象已完全变成了民族形式的帝释天和帝释天妃了。以上变化说明整个石窟艺术已进一步统一于佛教的教义，这也应该说是佛教和佛教艺术进一步中国化的表现之一。

如果仔细观察隋代壁画，可以看出在表现手法上存在疏密二体。

密体以细密精致见长，其中以第419、420窟的人物故事画为代表。第420窟的"法华经变"场面十分宏伟，图中楼阁耸峙、曲廊蜿蜒、殿宇相接，更有山峦起伏、林木掩映、溪流潺潺，人物鸟兽活动于其间，绘出一幕幕饱含寓意的场景。这种密体画风，是受中原绘画艺术影响所致。隋代的著名画家展子虔曾画过"法华变"，董伯仁也画过"弥勒变"，他们所画的人物有"妙绝古今"的盛誉。据文献记载，隋代展子虔、郑法士为代表的一派精致绚丽的画风，是中原绘画的普遍风格。隋文帝在命天下造舍利塔的同时，还让主管部门造成样式送往各州，这不仅扩大了造像的规模，而且使中原艺术的影响遍于全国。

疏体以简练豪放著称，可以第302、276等窟为代表。先用赭红线描造型，然后敷彩，笔力畅达、线条流利、色彩淳厚、质朴高雅。特别是人物脸部，薄施渲染，或留素面。由于敷彩比较单纯，至今未变颜色，遂显出另一派风格。这派风格的作者大约是河西地区土生土长的画师。他们发扬敦煌早期艺术的传统，并以现实生活为基础，创造了简练、淳朴的新风格，既富于敦煌本土色彩，也具有统一的时代气息。

总之，隋代石窟艺术在继承、总结前代经验基础上加以创新，又进一步受到中原文化艺术的影响，继续沿着西魏以来的中国化、民族化的方向发展。它所取得的成就，为后来唐代佛教艺术的高峰奠定了基础。

# （二）唐前期

唐代是我国封建社会的鼎盛时期，也是敦煌历史上的黄金时代。历史学家们为了研究的方便，一般以公元七五五年安禄山发动反唐叛乱为界，把唐代划分为前后两个阶段。但这个分界点与敦煌历史的发展阶段不尽相合。因为使唐王朝由盛转衰的安史之乱虽对河西、敦煌也产生了影响，但因战乱没有直接波及，敦煌没有发生重大变化。所以，敦煌学界一般把公元七八六年吐蕃王国占领敦煌，作为唐代敦煌历史上前后期的分界线。

唐初自高祖李渊开国，经过唐太宗李世民的二十九年的励精图治，才使隋末战乱后残破的社会经济得到恢复并开始发展。再经武则天几十年的努力，到唐玄宗李隆基时进入盛世。其时，社会经济得到了空前发展，财富大增，社会也比较安定。在此基础上，出现了封建文化的空前繁荣。唐代的文学艺术，不论是诗歌、散文、音乐舞蹈、绘画、书法都取得了极其伟大的成就。唐前期还是我国国内民族关系和中外关系的大发展时期，它是一个世界性帝国。由于它在当时的国际上处于领先地位，所以有容纳外来事物的雄大气魄。敦煌史上的唐前期，大体相当于唐代的这一上升发展时期。这是敦煌发展、繁荣的社会背景。

在隋末战乱中，敦煌因地处边远，幸无大规模战火殃及，但也接连发生了割据叛乱。公元六一七年，隋武威鹰扬府司马李轨在武威起兵，攻占了整个河西地区。公元六一九年，李渊派当时在长安做官的一个凉州商人返回凉州进行策反活动，俘虏了李轨，平定了河西。并循隋文帝时旧制，在敦煌置瓜州。随后，李渊任命李世民为左武侯大将军使持节凉、甘等九州诸军事，凉州总管，并派遣熟悉河西及西域情况的黄门侍郎杨恭仁安抚河西。

但此时，敦煌的政治局势并不稳定。公元六二一年初，瓜州刺史贺拔行威举兵反唐，次年，瓜州土豪王干斩贺拔行威归唐。唐政府改瓜州为西沙州，州治设在敦煌。另在原来瓜州属下的常乐县置瓜州，仍然设立总管府，管辖瓜、西沙、肃等三州。公元六三三年，又改西沙州为沙州。

公元六二三年，西沙州人张护、李通谋反，杀正巡视西沙州的瓜州总管贺若怀廓，拥立西沙州别驾窦伏明为主，进逼瓜州，被瓜州长史赵孝伦击退。同年九月，窦伏明率众降唐。至此，西沙州才最后稳定下来。但在敦煌与河西的外部仍然存在不稳定因素。

在隋朝强盛时一度衰弱的突厥，在隋末战乱时又强大越来，成为中国北部最强大的势力。唐王朝建立后，突厥仍是十分骄横，不断派兵向南骚扰，曾多次侵扰河西地区。唐朝完成了中原的统一后，于公元六二九年以突厥骚扰河西为契机，派李勣、李靖、柴绍、薛万彻等大将率十万大军分道出击突厥，经过几个战役，在公元六三〇年取得了决定性胜利，擒获了东突厥的颉利可汗。此后，河西地区才与唐王朝北部地区一样，免除了东突厥的干扰。

唐初威胁河西安全的，除突厥外，还有吐谷浑。在隋炀帝时被击败远逃的吐谷浑伏允可汗趁隋末战乱又返回恢复了故地，仍不断侵扰河西及唐朝的其他地区。公元六三五年，唐太宗任命李靖为西海道行军大总管，率领侯君集、李道宗等大将讨伐吐谷浑，伏允可汗兵败自杀，其子慕容顺率部投降了唐朝。敦煌与河西地区这才彻底解除了外部的威胁。但此时，西域仍在西突厥控制之下，为了恢复巴尔喀什湖以东以南各地和内地的联系，唐王朝开始经营西域。

隋末以来，从西域到内地来的商人、使者主要通过经由高昌的中道。高昌王国是由汉人麴氏建立的政权，在政治、文化方面都模仿和学习中原的中央王朝。唐初，高昌在西突厥控制下，任意阻拦西域各地到唐朝来的使者和商人，并把他们拘留起来。要想扩大中原与西域的联系，首先要扫除高昌这个丝路上的障碍。于是，在公元六三九年，唐太宗命大将侯君集率大军出征高昌。次年，高昌王麴文泰在唐军临近之际病死，其子麴智盛继位，唐军攻破其城，麴智盛投降。唐王朝在高昌置安西都护，以镇守其地。

以后，唐王朝又于公元六四四年征服了焉耆，公元六四八年攻克龟兹。龟兹被攻克后，西域大震，当地各族首领都摆脱了西突厥的统治，结好并归属了唐王朝，贡使通商，往来不绝，西突厥也派使者来唐。为了控扼西境，保护商路，唐王朝在安西都护府下设龟兹、于阗、焉耆、疏勒四镇，史称安西四镇。唐太宗去世以后，西突厥的阿史那贺鲁又曾发动叛乱，攻打唐州县。公元六五七年，唐派苏定方率大军攻灭了西突厥，在其旧地设置了濛池、昆陵二都护府。公元六五八年，唐高宗派大军平定了在龟兹发生的叛乱，为了加强对安西四镇的管辖，把安西都护府移到了龟兹。至此，丝路的中道与南道完全打通。

公元六七〇年，居于青藏高原的吐蕃开始把自己的势力伸向西域，攻陷了西域十八州，唐朝被迫罢掉了安西四镇。公元六七九年，唐朝又恢复了安西四镇（此时的四镇没有了焉耆但新增了碎叶），但公元六八六年又被日益强盛的吐蕃大军攻陷。直到公元六九二年，唐将王孝杰率大军击败吐蕃，再次恢复了安西四镇。

安西四镇的设置不仅对维护丝绸之路的通畅具有积极意义，而且还起着屏障敦煌与整个河西的巨大作用。此前，西域一旦为少数民族政权所控制，敦煌就会成为中原王朝的边防前线。安西四镇设立以后，敦煌就成了后方。每次唐军进军西域，都以敦煌为军事物资供应基地。敦煌的士兵和百姓还经常随大军出征。此外，驻守安西四镇的戍卒也主要是来自敦煌与河西的府兵。武则天统治时期，沙州的劳动人民因无法忍受这些沉重的负担而大量逃亡到瓜、甘、肃、凉等州。因沙州百姓都很会种田，所以不管逃到哪里都很受欢迎。由于这个问题十分严重，故唐政府派出括逃使到上述地区，以免除两年赋役等优惠条件又把这些逃户括回了敦煌。

在唐前期的一百多年中，唐王朝一直十分重视对敦煌与河西的治理和经营。首先是设置了与其战略地位相称的军事防卫力量。早在唐初杨恭仁任凉州都督时，就在玉门设立了玉门军，以后又在沙州城内设立了豆卢军。公元六七五至六七六年间，还把西域南道上的石城镇（今若羌）和播仙镇（今且末）划归沙州管辖，以增强敦煌的实力。此外，在河西其他地方还设有赤水军、建康军、墨离军、大斗军、白亭军等。还有悬泉、常乐、张掖、交城等守捉。公元七一一年，唐王朝从陇右道中分出了黄河以西的地区设立了河西道，并设置了河西节度、支度、营田等使，负责河西的军事、财政与营田等方面的事务。河西节度使是唐朝所设的第一个节度使。到七四二年时河西节度使所辖士兵人数为七点三万人，居全国第三位；战马一万九千四百匹，占全国正在服役的军马总数的四分之一。军事防卫力量的加强为敦煌与河西经济的恢复、发展提供了可靠保障。

其次，唐王朝还加强了对敦煌与河西的行政管理。健全了由县、乡、里组成的各级行政机构。沙州下设敦煌与寿昌两县，两县下设十三个乡。每个乡下又设有若干个里，里有里正，掌管着里中的各种行政事务，如查核户口、收授土地、监督农业生产以及征敛赋役等。

唐王朝所规定的周密完备的户籍制度在敦煌也得到了认真的贯彻。敦煌遗书中就保存了不少唐前期敦煌的户籍。这些材料不仅对了解敦煌地区的情况具有重要意义，对我们认识整个唐代的社会经济情况也具有重要价值。

　　唐朝统治者正是通过上述县乡里各级行政机构和完备的户籍制度对敦煌地区实施有效的管理和严密的控制。对于镇抚河西、敦煌的官吏人选，唐政府也一直比较慎重，其中不少人在任职期间很有作为，为敦煌地区的恢复和发展做出了贡献。

　　最后是重视农业生产。唐政府根据敦煌地区的农业全赖水利灌溉的特点，在前代兴建的水利工程基础上，又进行了大规模的水利建设，形成了较为完备的绿洲灌溉体系。

　　对于渠水的管理、使用，唐政府不但设有专门官吏，而且有十分明确、具体的规定。敦煌遗书中保存了唐玄宗时期有关水利的法律文书《水部式》和《唐前期沙州敦煌县灌溉用水细则》，都是有关这方面规定的文献。这些文书对水利设施的使用、修缮、用水的次第、时间、程度等都有详细的规定。

　　大规模水利工程的建设和水渠灌溉系统的完善使敦煌地区的耕地面积大规模扩大，这就为农业的发展提供了良好条件。为了保证封建国家的收入和解决当地驻军的粮食问题，敦煌地区政府还曾把督促农民耕种作为乡社官和村正的职责之一。大谷文书2838号是武则天时期敦煌县处分各乡负责人的文件。其中某乡因社官、村正不关心农业生产，致使耕耘最少，受到决杖二十下的处分。敦煌、平康、龙勒、慈惠、神沙等乡，因投入农业的力量较少，负责人受到决杖十下的处分。此外，乡社官和村正（里正）每年均需将本乡种植各类作物的亩数上报。

　　以上几项措施使唐王朝在敦煌与河西地区的统治得到了巩固，经济也走向繁荣。与全国一道，在开元、天宝年间（公元七一三至七五五年）发展到了鼎盛时期，天宝时（公元七四二至七五五年）沙州有户六千三百九十五，口三万二千二百三十四。是前凉、前秦以来敦煌户口最多的时期。而唐代沙州所辖仅敦煌、寿昌二县，其面积大略相当现在的敦煌市，比汉代、前凉、前秦时的敦煌郡面积小多了。

　　政局的稳定，经济的繁荣，为中西友好往来和经济文化交流的进一步发展提供了条件。在唐前期，西域诸国的使者，西行求法和东来弘道的僧侣不断通过敦煌往来于中原与西域，中国与印度、西亚之间。经济交流也空前活跃，在当时敦煌的集市上，有内地来的汉族商客，如吐鲁番地区出土的唐代过所就记载福州都督府长史的侄子唐益谦由福州到安西四镇进行贸易，再回西州，准备取道玉门、金城返乡。也有西域的商人。在一个名叫石染典的西州商人的过所中，记载他带着雇工、家奴以及牲口、从安西至瓜州贸易，又持瓜州发给的过所到了沙州。在沙州，石染典向官府申请再去伊州贸易，也获批准。更有从中亚各国来的商胡。敦煌城东的沙州十三个乡之一的从化乡，就是由以善于经商著称的粟特人组成的。史书上记载当时"兴胡之旅，岁月相继。"《沙州都督府图经》记述沙州西北一百一十里处有兴胡泊，就是因为胡商在经过玉门关时常在这里停驻而得名。各地来的行商坐贾在敦煌从事着中原的丝绸和瓷器、西域的珍宝和当地的粮食等各种物品的交易，使敦煌这个自曹魏以来形成的商业城市更加繁华。

中西友好往来和经济、文化交流的扩大，给敦煌带来了各种不同系统的文化，使敦煌的文化更加绚丽多彩。汉文化和佛教以外，当时在敦煌城东一里处有中亚粟特人信奉的祆教(拜火教) 神祠。这所祆庙周回五百步，院内立舍，舍内画有神主，共二十余龛。在敦煌遗书中保留的晚些时候的白画中，也有祆教尊奉的神的形象。唐前期敦煌还立有景教寺院，名为大秦寺。藏经洞中就保存了七种景教经典，并有景教经目一卷，记录景教经典三十六种，分别为初唐和中唐译本。此外，藏经洞中还发现了开元年间（公元七一三至七四一年）写的摩尼教经典。这些都反映了西亚、中亚宗教在敦煌流传的情况。

在这个交汇着中国、希腊、印度、中亚、西亚等不同系统的文化都会中，汉文化仍然占据着主导地位。唐前期的沙州有许多传授汉文化的官私学校。当时，沙州和唐王朝治下的其他地区一样，在敦煌城内州衙西三百步设有州学。内有经学博士一人，助教一人，学生四十人。州学院内的东厢是先圣太师庙堂，堂内有先圣孔子和先师颜子的塑像。每年春秋举行释奠之礼。州学院内还设有医学，有医学博士一人，学生十人。担任州学博士的以敦煌望族翟姓、张姓、阴姓等为主。州学之下，敦煌县设有县学，设博士一人，助教一人。私学则包括私人学塾和寺学。官私学校均以教导孝敬父、师，忠君报国为主旨，所用教材则以儒家经典为主。敦煌遗书中保存下来的《尚书》《易经》《左传》《谷梁传》《礼记》《文选》《论语》《毛诗》《孝经》写本，其中有不少是当时州县学校、私学或学生们的遗留物。藏经洞中发现的《本草》《脉经》《食疗本草》等医学著作，或者就是州办医学使用的书籍。此外，敦煌遗书中还保存了不少如《千字文》《太公家教》《开蒙要训》《新集严父教》等敦煌官私学校使用的启蒙教材。

与李唐王朝奉老子为先祖，大力提倡道教相关，敦煌在开元、天宝年间（公元七一三至七五五年）还曾设立过道学，由道学博士主持。敦煌遗书中保存的道家经典如《老子》《庄子》《文子》《列子》等大部分是唐前期写本，很可能与此时道学有关。与此相关，敦煌的道教此期也有很大发展，并建立了一批道观。仅见于记载的就有灵图观、神泉观、开元观、龙兴观、冲虚观、玉女娘子观。其中，以神泉观最为引人注目，藏经洞中所存道经，有不少是神泉观写本。

正是由于汉文化始终在敦煌占据着主导、支配地位，才使这里虽然成为各种文化交汇的文化都会，却又没有成为各种文化的杂烩。因为有雄厚的汉文化基础，才使敦煌与河西不仅仅是一条文化交流的河道，还是一处文化交流的枢纽站。各种不同系统的文化在这里停驻的过程中，一方面互相融汇，一方面又从当地的文化中吸取营养，然后以多少带有敦煌与河西地方特色的改变了的或发展了的形式，再从这里流向中土、西方、蒙古和西藏。如唐代深受中原人民喜爱的名为《凉州词》《甘州》的软舞曲，实际上就是在河西地区经过改变的西域乐舞。

在这各种不同的文化争相斗艳的背景下，佛教文化在敦煌仍然闪耀着奇异的光彩。对佛教的信仰在隋代发展的基础上更加广泛地深入到了民间。从莫高窟供养人题记和藏经洞写经题记我们知道，唐前期出资开窟、写经的既有僧官、僧尼、男女居士，也有当地的达官贵人、文武官僚、工匠、行客、侍从、奴婢和一些善男信女等，可见，佛教已深入到敦煌的各阶级、阶层之中。尽管唐统治者因政治需要不时抬高道教地位，但敦煌佛教在民间广泛信仰的基础上，在佞佛的世家大族的倡导下，自隋末一直缓慢而平稳地向前发展。莫高窟的开凿活动也一直在持续。武则天时期（公元六八四至七〇四年），为了政治需要，"升佛教于道教之上"，并且大造佛寺，广度僧尼，推动了敦煌佛教的发展。莫高窟的兴建也明显加快了速度。与上述背景相关，敦煌的佛寺也多了起来。

唐前期敦煌的佛教在前代基础上进一步受到了内地的影响。这首先表现在相当数量的宫廷写经从长安、洛阳流传到了敦煌。敦煌作为唐代著名的佛教城市，有奉皇帝敕建的大云、灵图、龙兴、开元等官寺。所以，长安、洛阳两都新译佛经都能很快传到敦煌。如高僧玄奘在唐初新译的佛典，藏经洞中就发现了很多，其中仅《大般若波罗蜜多经》的写本就保存了一千多个号。其他唐朝流行较广的经典，在藏经洞中也保存了很多。其次，不少有名的高僧从长安前来敦煌弘传佛法，如高僧昙旷就在敦煌居住十九年，撰写了不少解释大乘佛教的著作。这样，倡言无论贵贱贤愚，只要专心念佛，凡夫皆得脱离秽土，转生净土的净土宗等在中原流行的廉价成佛、快速成佛的佛教思想也流传到了敦煌。与此同时，中原寺院的壁画样稿也随同佛教经典和高僧来到了敦煌。藏经洞中保存了大批由内地传来的经变画粉本，如"弥勒下生经变""劳度叉斗圣变"，等等，虽然逸笔草草，但人物状态和故事情节都已具备，完全可供画工作为创作的依据或参考。

在唐前期中外友好往来和文化交流日益扩大的背景下，唐前期敦煌的佛教继续受到印度和西域佛教的影响。贞观年间，玄奘从印度带回大量经像；王玄策四次出使印度，携回图本；著名画家尉迟乙僧等来自西域，"画外国及菩萨"，声誉很高。从一些菩萨像的装束、姿态来看，唐代前期的敦煌艺术直接或间接地受到了中印度笈多王朝艺术的影响。

敦煌佛教正是在唐前期社会经济空前发展，政治力量空前强大，又不断受到内地和印度、西域影响的条件下向前稳步发展。敦煌石窟艺术也正是在这样的背景下达到了自身历史的顶峰。

唐代前期是敦煌莫高窟造窟最多的时代，现存洞窟一百二十七个。这些洞窟展示了敦煌佛教和佛教艺术全盛时期的面貌。

此期石窟形制沿袭隋代以来的发展趋势，以殿堂式最为普遍，平面呈正方形的主室后壁即对窟门的一面开一神龛，两侧一般不再开龛，主室前一般都有平面呈横长方形的前室。室外多有木构建筑以连接各窟。窟檐和廊道大部为单层建筑，结构简单，但因上面盛饰彩画，显得十分华丽壮观。可惜这些木构建筑今天都已不存。

各窟内的彩塑与壁画，大多有周密的整体设计。一般格局是：正龛内塑成铺塑像，龛内画菩萨和十大弟子、龙天诸神，帐门两侧画菩萨或小型"维摩诘经变"或文殊、普贤或乘象入胎、逾城出家等；南北两壁画大型经变；东壁则利用被门洞一剖为二的格局，画左右对称的两组画面，常见的是"维摩诘经变"；门洞上方画说法图、三佛、二佛并坐等构图精练而严整的尊像。覆斗形窟顶中央为华盖式藻井，四披画千佛或说法像，也画经变。地面铺莲花砖，整个洞窟形成一个净土世界。这应该说是唐代风靡全国的净土崇拜在艺术上的反映。

唐前期的彩塑在隋代基础上进一步发展，以整铺的群像为主，由一铺五身、七身而向九身、十一身发展，气势宏大，而且全部塑像已都是圆塑，浮塑已很少见。在艺术技巧上，克服了隋代人体比例不协调的缺憾，写实手法大大提高，更加注意人物性格心理的刻画。艺术家们在创作现实世界中并不存在的佛和菩萨时，赋予它们以人的思想感情，使观者精神与之相通，激起其虔诚与亲切之感，这种现实主义精神和世俗化倾向是此期彩塑最突出的特点。

作为主尊的佛像一般为结跏趺坐或善跏坐，手势作说法、思维或召唤的姿态。中国的方领大袍代替了早期的天竺袈裟。并已完全摆脱"秀骨清像"的名士风度，代之以雍容华贵、健康丰满的形态。这些佛像的面相变得温和、慈祥、庄严、镇定，似乎已不是超然自得、高不可攀在思维神灵。而是关怀现世，极愿帮助人们的权权威主宰。但塑造佛像到底要受到种种规范制约，很难尽情发挥。所以，匠师们便在佛的背光、项光和佛座的装饰上下功夫，用灿烂夺目的色彩加上妆金的效果和美丽的和丝绸图案褶纹为佛像增辉。

在菩萨和佛弟子的塑造上，匠师们充分地发挥了他们的想象力。此期的菩萨像，都如袒胸露臂的美丽女性。她们身段秀美，气度娴雅。面相丰腴，肌肤洁白如玉。修长的眉眼，表现了无限明澈、智慧、温柔而又不可亵渎。小小的嘴，唇角略带微笑，好像亲切地倾听着人们的祈求。艺术家们在少女型的菩萨塑像上歌颂了人类女性的善良、美丽、智慧和尊严，也迎合了世俗的欣赏要求。如盛唐第 320 窟龛北的观音，面向龛下，举手欠身，微偏着头，既像是在询问，又像是在倾听。在这里我们看到的不再是冷若冰霜、远离人间烟火的人格化的菩萨，而是风采动人、主动亲切的菩萨化了的人。

在隋代还显得缺乏内在力量的天王力士像，在唐前期也已成熟。如果说菩萨像表现了女性的优美，天王、力士像则表现了男性的刚毅和力量。这些盔甲严整或是裸露上身的像，都有力地体现了古代武士的威严、勇猛、正直、坚毅的性格，尤其裸露的部分作了合理的夸张，使肌肉的凸起、关节的强调、青筋的暴露，都有助于蕴藏在内部的，即将迸发的力量的显示。如初唐第 322 窟西龛内北侧的天王，八字胡，顶盔贯甲，腰束战裙，足踏乌靴，使我们看到的分明是一个唐代驰骋沙漠，出生入死的全副武装的战士。

在大唐帝国经济空前繁荣，国力空前强盛的背景下，雄伟、壮丽、宏大也成为当时艺术家所追求的时代风貌。这种时代风貌在唐前期的敦煌石窟艺术中也留下了痕迹。其表现之一是巨型造像的出现。武周延载二年（公元六九五年），禅师灵隐和居士阴祖等造的第 96 窟北大像，高达三十三米，这是莫高窟最大的塑像。由于它的高大，外面用了一座九层楼才把它罩住。这尊巨大的善跏坐弥勒像虽屡经各代重修，手势、衣纹、色彩等已均非原貌，但头部还保存着初唐时期丰满圆润的风采。从这巨佛身上，我们仿佛看到了强盛的大唐帝国的雄伟风姿。

这种规模宏大，气势雄伟，富丽堂皇的艺术风貌在唐前期的敦煌壁画中也有反映，主要表现是巨型经变的出现。唐前期的敦煌经变是在隋代雏形的基础上又经过唐初的探索，在贞观中期才趋于成熟，形成了一部经一壁画的巨型结构。如第 220 窟南壁的贞观十六年（公元六四二年）"阿弥陀经变"（西方净土变）。图中有碧波浩淼的宝池，池中莲花盛开，化生童子自莲中出，阿弥陀佛结跏趺坐于池中莲台上，观音、势至胁侍左右，四周拥绕众多菩萨。他们头戴金冠，斜披天衣，腰束锦裙，璎珞严身，个个光彩照人。宝池前有平台雕栏，东西两侧楼阁耸峙。平台上乐队坐于两厢，奏乐者乐器各异，中间一队舞伎，金冠璎珞，穿石榴裙，挥动长巾，翩翩起舞；与此同时，上上下下的孔雀、鹦鹉、仙鹤等也都振动双翅，应弦而舞。上部则是一片碧空，彩云与乐器飘游天际，不鼓自鸣。整个画面以阿弥陀佛为中心，场面宏伟，色彩绚丽，有大小人物近百人。通过密密匝匝的构图把西方净土表现得十分充分，细致而形象地描绘出了花团锦簇似的、富丽庄严、气象万千的极乐天国。受当时净土信仰盛行的影响，唐前期的经变画也以"阿弥陀经变"最多。此外，还有"法华经变""观无量寿经变""弥勒经变""维摩诘经变""东方药师经变""涅槃变""劳度叉斗圣变"等。其中，"弥勒经变""观无量寿经变"和"东方药师经变"也是极力渲染极乐世界。这类壁画线条流利圆润，构图丰满，气氛热烈和谐，呈现出一片欢乐、祥和、幸福的景象。

总之，唐前期的经变大多是赞颂佛国的欢乐与美好的，反映出了画家对生活的积极态度。画面有的多达千百人，十分复杂，也表现了画家宏大的气魄和处理复杂构图的惊人能力。

与壁画内容的变化相适应，此期壁画的色彩也趋于热烈。形成鲜艳明快，富丽绚烂的特点，与北朝时的阴冷色调判然有别。

表现欢乐、祥和、幸福景象的各种壁画在唐前期所以能够成为壁画的主流，与北朝壁画中的残酷、悲惨场面形成鲜明的对照，归根到底是由现实生活发生的变化决定的。在朝不保夕，人命如草的南北朝时期，面对悲惨的现实，人们感到现世无望，比较易于接受佛教关于忍辱牺牲，以求来世成正果的宣传，求得精神上的安慰。而在唐前期，贞观以后，社会相对安定，下层生活稍有保障，上层也能安心地沉浸于歌舞升平的世间享乐中。在这样的背景下，人们对舍身饲虎、贸鸽等悲惨场景已不感兴趣，而表面诱人的天堂幸福生活却有更大的吸引力。生前享受荣华的统治者死后也想登升极乐世界，而备受现实生活中种种苦痛的劳动者，也不得不把美好的生活愿望，寄托在这个虚幻的天国里。净土变就是因既得到封建统治阶级的欢迎又骗得贫苦人民的信仰而大大兴盛起来。其实，这些极乐天国不过是地上贵族地主阶级生活的升华。画面中高耸台基上的重楼连阁，是按照唐代宫廷建筑绘造出来的；乐舞的场面，反映了当时豪贵之家伎乐之盛；居住画面中心的阿弥陀佛，是人间最高统治者的化身；佛和菩萨及其部众在画面中躯体比例的大小，和地位的不可逾越，表现了严格的封建等级制度。所以，佛国极乐世界是艺术家按照现实世界的形象加工创造的结果。在当时充裕的物质条件基础上，受在此基础上产生的时代精神和艺术风格的影响，艺术家们的创作才能充分地在净土世界的主题下发挥，他们把人间的荣华富贵绘进了天堂，又把对天国富丽堂皇的描绘留在了人间。

在此期经变画穿插的情节中，还从多方面反映了当时的社会生活。如第445窟"弥勒经变"中描绘一种七收的画面上，有耕田、播种、收割、扬场、入仓等整个农业生产过程。图中耕者驱赶二牛用唐前期已得到推广的曲辕犁耕作。第45窟"观音经变"中的商人遇盗图，画面上深目高鼻、虬髯卷发，头戴白毡帽，足蹬乌皮靴的商人，是奔忙在丝绸之路上的西域胡商的写照。上述画面的出现，是唐前期敦煌石窟艺术现实主义精神和世俗化倾向在壁画中的反映。

经变画之外，佛像画仍是此期的重要题材，大大小小的说法图中画有佛弟子、菩萨、天王、龙王、阿修罗王等诸天圣及金刚力士。其中，单身的佛、菩萨像明显增多。受当时盛行的净土崇拜的影响，观世音、势至二菩萨的地位渐崇。观世音菩萨已经成为人们在现实苦难中寻求解脱并寄托美好愿望的尊神，而且还新出现了文殊、普贤二菩萨左右对称的画像。

在武则天大力弘扬佛教的时期，莫高窟第323窟出现了一批佛教史迹画。这些壁画有真实的历史人物和历史事件，也有佛教徒们虚构的场景。包括"释迦牟尼晒衣""阿育王拜塔""张骞出使大夏问佛名号""后赵高僧佛图澄神异事迹""隋文帝迎昙延法师祈雨"等内容。这些壁画的出现是当时佛道之间斗争的反映。唐前期儒道两家极力排佛。唐高祖、太宗出于政治考虑，在排定佛道名次时，都是把道教排在前边。为了改变这种地位，佛教徒们曾通过各种方式做过种种努力。利用佛教史迹画尽量把佛教传入中土的时间提前，并备述历代帝王崇佛事迹，就是他们这种努力的表现。如张骞出使西域是历史上有名的大事，但和浮图本无关系。而在第323窟壁画"张骞出使大夏问佛名号"中却画了汉武帝焚香礼拜金人，汉武帝派遣张骞往西域大夏国问金人名号并为张骞送行，张骞到达大夏国等三个情节。唐前期的佛教徒虚构这样的情节，显然是意在抬高佛教在与道教竞争中的地位。

唐前期的供养人画像也有突破，表现是打破了千人一面的模式，注重刻画不同人物的特点和个性，供养人的人物形象也由小而大。画像中有王公大臣、地方官吏、贵族妇女、僧侣居士以及侍从奴婢等各类人物。第431窟西壁下部的供养图中，画着三匹骏马，马伕似乎不堪疲乏困顿而埋头沉沉入睡了。这样世俗化的形象说明，民间艺术家在刻画宗教内容的同时，仍在努力挖掘现实生活中的情趣。一些洞窟中还用供养人像来显示氏族门庭和宗族的谱系。盛唐时的第130窟中已出现等身的供养人像。

唐前期的装饰图案以卷草纹最为普遍。它以流利婉妙的线条描出正反相间的卷叶，填充以莲花、宝相花、海石榴等，并巧妙地配置孔雀、灵鸟、飞仙、化佛等。最主要的装饰是覆斗顶上的藻井，其图案新意迭出。如第209窟藻井，在宽敞的方井中，描绘葡萄纹和石榴纹，藤蔓交错，巧妙地构成了丰收的图案，打破了以往以莲花为主体的单一格式。第320窟的藻井，则井心画团花，层层边饰疏密有致，严整而有变化，色彩热烈、艳丽，显示了辉煌灿烂的盛唐风格。最绚丽豪华的是服装纹饰。不论塑像还是壁画，罗汉的山水衲、百褶锦裙，菩萨的僧祇支、绣花罗裙，供养人衫裙帔帛上的织绣缬染花纹，华美的纹样如石榴卷草、团花、棋格、技枝花卉和孔雀羽随处可见，特别是那些缕金锦纹，金光闪闪，富丽堂皇。

受唐前期宫廷贵族和上层社会的审美风尚影响，这一时期壁画中的人物形象与塑像一样，个个都面相丰腴，躯体健硕。就连第103窟"维摩诘经变"中的维摩诘也由南北朝时期的"清羸示病之容"变为丰满健硕、须眉奋张、目光如炬的老者。供养人像也是男则气度雍容，女则面如满月，很丰腴健美。

总之，唐前期的敦煌石窟艺术，在当时社会经济高度发展的基础上，承续周隋以来的发展趋势，进一步吸收内地和印度、西域艺术的营养，最终形成了具有敦煌特色的中国佛教艺术体系。这一时期的石窟艺术是通过宗教题材来赞美人生的，在描绘消极对象中包含着积极因素，在出世的要求中流露出对现世享乐的向往。这就给这些作品赋予了强大的生命力，它不仅在当时震撼了人们的心弦，就是今天，也仍然具有极大的艺术魅力。

# 七 唐后期五代北宋时期的敦煌

## （一）吐蕃时期（公元七八六—八四八年）

公元七五五年，唐王朝内地爆发了由安禄山、史思明发动的叛乱。唐政府被迫调动包括敦煌在内的河西、陇右以及北庭、安西等西北各地的精锐部队入援中原，西北边防骤然削弱。吐蕃乘机向唐州县发起了大规模攻势。自唐肃宗至德元年（公元七五六年）至唐代宗广德元年（公元七六三年），吐蕃迅速占领了陇右地区，切断了河西与中原的联系。公元七六四年，吐蕃攻克凉州，河西节度使杨志烈西奔甘州。公元七六六年，甘州、肃州失陷，继杨志烈为河西节度使的杨休明被迫移节沙州。公元七七六年，吐蕃攻陷瓜州并于当年八九月间包围了沙州城。敦煌军民在与中原失去联系，外无救援、内乏粮草的情况下展开了艰苦卓绝的抗蕃斗争。到公元七八六年，敦煌城内矢尽粮竭，敦煌人才在得到吐蕃不迁往其他地区的承诺后与吐蕃结盟而降。自此，敦煌的历史进入了吐蕃统治时期。

敦煌军民在与中原王朝断绝联系的情况下坚守孤城达十一年之久，表明了敦煌人民不甘吐蕃奴隶主蹂躏，誓死报国的勇气和决心，也说明敦煌所推行的以忠孝为本教育的成效。甚至这一时期的石窟艺术，也包含着激励人们为父母之邦献身的因素。其表现在是公元七七六年建成的第 148 窟中，首次出现了"报恩经变"。这幅经变是根据《大方便佛报恩经》绘制的。这部经的主要内容是宣传上报佛恩，中报君亲恩，下报众生恩，而以宣传报君亲恩为主。第 148 窟中的"报恩经变"有孝养品和恶友品。其中，孝养品描绘的是波罗奈国太子提割肉供亲，牺牲自己，终使流亡的父母得以复国的故事。这种宣传以孝事亲，以忠报主题材的壁画出现在河西城镇相继被吐蕃攻陷，沙州城被围的生死存亡之际，对那些为使父母之邦免遭他族凌辱而英勇奋战的将士，无疑具有激励士气，鼓舞斗志的作用。其意义显然已突破了宗教的局限。这些宣传与儒家的忠孝思想紧密地结合在一起，鼓舞着敦煌人民与吐蕃统治者进行斗争。

吐蕃占据敦煌以后，暗杀了领导抗蕃斗争的阎朝，废除了唐代沙州地区的县乡里等行政组织，仿照自己军政合一的组织，建立了新的统治机构。吐蕃在河西统治的军政中心是凉州和瓜州，沙州隶属于瓜州节度使。沙州的军政长官叫作节儿，其下属机构叫部落。部落制始设于公元七九〇年，其规模大于唐制的乡而小于县。这些部落有的是按职业组成，如僧尼部落的成员全部是僧尼，行人部落是由担负巡逻任务的人组成，丝绵部落则主要是从事农业的人口；有的则显示出方位特征，如下部落、上部落等。部落的长官为部落使，一般由汉人充任，吐蕃另派监督。部落下面设有将，将设将头。敦煌遗书斯 3287 背《左二将各户手实》反映出敦煌百姓是以将为单位向吐蕃政府申报户口，交纳赋税，承担杂役，将头负责督办。吐蕃各级政府依据各将申报的户口编户籍，这种手实、户籍制度大体沿袭唐制。

吐蕃贵族依靠军事征服成为敦煌的统治者，除了吐蕃军以外，吐蕃统治者主要依靠通颊部落作为镇抚敦煌百姓的军事力量。通颊部落最初是由被吐蕃征服的居住在黄河河源附近的羌、氐、汉、藏、粟特等民族混合组成，由吐蕃贵族统领。通颊一名则是吐蕃给予这些新征服的部众的吐蕃名称。安史之乱以后，随着吐蕃向陇右、河西、西域的扩张，原在河源地区以对唐作战为基本职能的通颊部落也随着吐蕃来到了河西、西域。其中，镇守沙州的是通颊色通巴部落。同时，吐蕃为巩固占领区，还不断新建通颊部落。如公元八四二年，吐蕃就在沙州新建立了一个通颊千户军部落。这些吐蕃化很深的通颊部落是吐蕃统治敦煌人民的得力助手。

吐蕃贵族不仅依靠行政组织和军事力量严密地控制、镇压敦煌民众，还强制推行吐蕃化，要求汉族人民改变原有的习俗，实行"胡服辫发"，并广泛推行吐蕃语。还禁用唐朝年号，改用地支和十二生肖纪年。这种纪年方法既不符合汉人的行之已久的用干支纪年、纪月、纪日的习惯，也无法满足敦煌汉人日常生活的需要。于是敦煌地区开始出现当地自编的历书。敦煌遗书中保存了《唐元和三年（公元八〇八年）戊子岁具注历日》，仅存四月十二日至六月一日，这是现知最早的敦煌自编历日。

在经济方面，吐蕃在统治敦煌初期，推行了计口授田制。与计口授田的同时，改行新的赋税制度，即按地亩征收地子和按户征收突税。这两项负担大大超过了以前唐政府对百姓的征收数额，敦煌百姓常因不堪重负而借贷甚至出卖田地。在交换领域，唐王朝的货币也被废除，改用实物交易。

为了巩固自己的统治，吐蕃统治者还特别注意拉拢当地的世家大族和归顺他们的汉族官吏。在政治上，任用一些投靠他们的汉族上层为各级官吏。如修造了莫高窟第231窟的阴嘉政一家，父祖历任唐朝官吏，其家族在敦煌声望素著。吐蕃占据敦煌以后，便任命阴嘉政为部落大使。他的二弟阴嘉义任"大蕃瓜州节度使行军先锋"，四弟阴喜珍任"大蕃节度行军并沙州三部落仓曹及支计"等使，其三弟离缠和妹智惠则均担任僧官。

吐蕃对敦煌的统治严重阻碍了沙州农业和商业的发展，敦煌失去了往日的殷富与繁华。身受阶级、民族压迫和沉重的经济剥削的敦煌人民与吐蕃统治者之间的矛盾十分尖锐。当地汉族人民始终不忘故国，在每年祭祀父祖时都要穿上被吐蕃禁止的唐朝服装，痛哭流涕，而后再将这些被他们视作本民族标志的服装珍藏起来。武装反抗吐蕃贵族的斗争也时有发生，其中最著名的就是公元七八六至七九〇年间发生的玉关驿户张清、氾国忠等人的抗蕃起义。据敦煌遗书斯1483《书仪》记载，驿户氾国忠等因图谋逃跑而被发配酒泉，在途中他们夺取了马匹和武器，千里奔驰，于深夜杀入沙州子城，杀吐蕃监使等数人，其余蕃军将士也被杀散，吐蕃节儿被迫纵火自焚。这些反抗斗争虽都被镇压下去，却给吐蕃统治者以沉重打击。在吐蕃统治的半个多世纪中，敦煌人民始终坚持各种形式的反抗斗争，直至最后将吐蕃统治者赶出敦煌。

为了稳定敦煌的局势，吐蕃统治者十分注意利用佛教为其统治服务。

在吐蕃统治敦煌的半个多世纪中，始终采取大力扶植佛教的政策。僧侣的身份大为提高，一些高级僧侣甚至可以直接参与政事。在经济上，吐蕃统治者将在征服西州时俘获的人口配给沙州寺院作为寺户。他们还不断向寺院布施。这些布施包括资金、田产、水碾、依属人口、织物等。如敦煌的圣光尼寺，就是吐蕃尚书令、都元帅、赐大瑟瑟告身尚乞心儿所建。同时，敦煌汉族地主也不断向寺院布施财产和人口。经受长期战乱和在他族统治下的普通百姓也更容易倒向佛教以寻求心灵上的解脱。在这样的背景下，沙州佛教势力迅速膨胀起来。在吐蕃统治敦煌之初，沙州共有僧寺九所，尼寺四所，僧尼三百一十人。而到吐蕃统治后期，在只有两万五千人左右的沙州，寺院已发展到一十七所，僧尼人数已近千人。增加了四所寺院和数百僧尼，这种发展速度是空前的。对于这些为数众多的僧尼，吐蕃统治者特地设立了僧尼部落进行管理。教团的僧官，起初沿用唐制，首领为僧统，又称都统；大约在公元八一〇年前后又改称教授。

这一时期，还出现了僧尼不在寺院中居住的现象。这种现象的起因是：在安史之乱以后，唐王朝曾在全国范围内几次出售度牒，以解决军费不足问题。这种做法在僧侣界引起了极大的混乱。买度牒出家的人旨在享受僧尼不承担赋役的特权，并不履行僧尼的义务。他们虽名为僧尼，但仍像世俗百姓一样在家中生活。这股买卖度牒之风也波及了河西、敦煌。据敦煌遗书伯4072《乾元年间沙州张嘉礼纳钱僧告牒》记载，在乾元年间的一次出售度牒活动中，沙州就有约一百人通过买度牒成了挂名的僧尼。有材料表明，吐蕃统治者也在沙州出售过度牒。在唐王朝统治的地区，这些买度牒出家的僧尼在后来都被勒令还俗。但在吐蕃统治下的敦煌没有这样做。从吐蕃时期的户口状和僧尼籍来看，吐蕃统治者只是将这些名不符实的僧尼分别编入其原来家庭的户籍，给他们一份土地，让他们与世俗百姓一样纳地子、突税；同时，又将他们编入僧尼部落，免除他们基于人身的徭役和兵役并允许寺院役使他们，对他们进行管理，包括组织他们从事必要的宗教活动。从吐蕃时期的寺院的入破历来看，各寺并未要求这些买度牒出家的人到寺院中去居住，对原来住在寺中的僧尼，一般也不再供应饭食。由于住在寺中也无人供应饭食，回家居住不但谋生方便且寺院与世俗政权也不反对，久而久之，原来住在寺中的僧尼能够回家的也都回家去住了。在寺院中居住的只剩下寺院的首领，有专门职责的人员和一些生活无着的僧尼。这些不住寺，不"出家"的僧尼的大量存在是吐蕃时期僧尼人数急剧膨胀以及以后长期居高不下的主要原因。

沙州佛教势力的膨胀更表现在其经济势力的日益强大。当时，敦煌的寺院除了拥有田地、果园、粮仓、碾硙、油坊、牲畜、车辆等财产外，还拥有自己的依附人口——寺户。寺户的来源有前面提到的由吐蕃配给的俘囚，敦煌民家大族施舍给寺院的"家客"，还包括投附寺院的百姓和被放免的奴婢。这些寺户的身份低于普通百姓，大约相当于唐代的部曲，他们同寺院有强烈的人身依附关系。寺院在占有地产的同时，还不完全地占有寺户人身。寺户一般拥有少量家资和农具，身份世袭。他们被分团编制，每团设有团头进行管理。寺户从事的劳役有耕种、放牧、看硙、榨油、运输、守囚及其他杂役。他们定期上役，提供劳役地租和代役租。

此外，寺院还通过放高利贷盘剥普通百姓。在敦煌遗书中，保存了许多敦煌百姓向寺院借贷的契约，契约中一般都规定到期不能偿还本利者，任凭寺院掣夺家资。

寺院经济力量的壮大，为敦煌佛教势力的进一步发展奠定了物质基础。在吐蕃委派的蕃都统主持下，敦煌设立了专门负责译经的"译场"，不断向唐朝求取佛经，进行翻译。此外，还特意从唐前期延请善讲的俗讲僧到河西向各汉族聚居区百姓宣讲佛法。

所谓俗讲是寺院僧尼以通俗易晓的方式向世俗百姓宣讲佛经的方法。它是由正式讲经转化而来。因为以阐述佛教哲理为主的讲经一般群众很难听懂，于是以吸引听众为主旨的俗讲应运而生。俗讲承袭了讲经的规范，由法师都讲合作进行。吐蕃统治者把唐朝的俗讲僧请到河西讲经，不仅会起到很好的宣传作用，同时也把俗讲这种方法传到了河西。

这一时期，敦煌还成为吐蕃佛教文化的重要来源之一。摩诃衍在沙州陷落后，曾奉吐蕃赞普使命，从敦煌到逻娑(今拉萨)传授汉地顿悟禅法。另一位敦煌高僧昙旷，曾回答赞普有关佛教顿渐之争的疑难问题。

随着佛教势力的隆盛，寺院学校也有了迅速发展。唐代大寺院往往自设教授佛教《经》《律》《论》的"三学院"，"三学院"也教世俗文章，敦煌的寺院也是如此。吐蕃占据敦煌以后，不少读书人遁入空门当了和尚，把他们的世俗学问带进了寺院，这就加强了寺学内世俗学问的教学，从而吸引了不少世俗子弟到寺院求师问学。使原来的寺院三学发展成为兼收僧俗弟子，并授佛学和经史文章的新型寺院学校。寺学的教师大部分是僧侣，但有时也聘俗人入寺任教。这些寺学的教师在教学生们认字读书时，经常选择一些有关民族英雄的事迹或文章以及中原文化的代表作作为教材。如敦煌遗书斯 214 号就保存了沙州三界寺学生张克俊抄写《李陵与苏武书》。与寺学相比，唐前期占主导地位的官学却很少记载。从现有材料来看，在吐蕃统治敦煌时期，主要靠寺院学校才使中原文化得以延续。这些寺院学校在教学过程中，还向沙州的汉人子弟灌输了浓厚的民族意识。

这一时期沙州寺院经济的迅速发展与其政治、社会势力的不断壮大推动了莫高窟的兴建。吐蕃占领敦煌以前，河西走廊战争频仍。所以开元、天宝时期有十八个洞窟在成窟后只塑成一龛或画成一顶。这些洞窟的壁画和塑像完成于吐蕃统治敦煌以后，再加新开凿的四十八个洞窟，总计达六十六窟。洞窟的形制承盛唐遗制，仍以殿堂式为主，但新出现了涅槃窟和隧道窟。涅槃窟平面呈横长方形，盝形顶，正壁下为通壁宽的佛床，佛床上塑卧佛；隧道窟亦大体呈横长方形，圆券顶，正壁下有佛床，佛床后凿通与人等高的隧道，供佛徒们旋绕念经礼佛。后两种形制为数虽少，但都是大型洞窟。在规模巨大的第 158 窟涅槃窟中塑造了全长达到十六米的巨型涅槃像。该像右胁而卧，安详若睡，表现了释迦牟尼已进入不生不灭的佛教最高理想境界。这尊巨佛造型洗练，比例适度，面相丰腴，通肩袈裟的衣纹随身体的起伏而变化，圆润流畅，是敦煌大型彩塑佛像中的卓越代表。这一时期的彩塑还有释迦、三世佛、七世佛等佛的坐像，以及以佛为中心并与两侧的弟子、菩萨、天王、力士等组成的群像。

寺院权力与经济力量的增长使佛教组织内部以及为佛教服务的行业分工更加细密，社会分工的进一步发展使这一时期的彩塑壁画更加精致细腻。塑像的写实手法进一步深化。第 159 窟两身菩萨的含蓄、端凝，造型上进一步体现出女性化的特征。服饰的塑造和描绘也十分出色。华丽精致的图案纹样与衣料的轻软质感，肢体的起伏变化以及肌肤的白皙细腻都融合在一起，互为衬托，相得益彰。壁画丰富多彩，同一窟内出现的两幅同题材的壁画画风不同，手法各异。从画面结构到建筑、人物、花鸟、树石无不精美，表达形式也多种多样。

吐蕃时代塑像、壁画在精致细腻方面是盛唐艺术的发展。笔墨精湛，线描、造型的准确生动，都是唐代艺术向深度探索所显示的成就。但与此同时，这一时期殿堂式窟内的布局也出现了程式化的趋向，一般是前室南、西、北三壁画四大天王，甬道顶画千手千眼观音变相，通道两侧画供养人。主室覆斗形顶中央作华盖式藻井，周围飞天旋绕。四披皆居中画佛说法图，周围满布千佛。西壁方形深龛内，设马蹄形佛床，佛床上塑佛及弟子、菩萨像。佛龛顶中央绘棋格团花，四披画各式瑞像图，塑像身后的龛壁画萨埵饲虎，善事太子入海等本生、因缘故事。西壁龛外帐门两侧分别绘"文殊变"和"普贤变"。南北壁画"观无量寿经变""法华经变""弥勒经变""天请问经变""药师经变""华严经变"，东壁门侧画"维摩诘经变"或"报恩经变"。各经变下面是屏风画相联，绕窟一周。屏风内画经变诸品故事。在"观无量寿经变"下方的屏风内画的必是未生怨，十六观，"弥勒经变"下必是嫁娶、收获、降生、回城，"药师经变"下方则为九横死、十二大愿，"法华经变"下则是观音普门品，"华严经变"下画华严诸品，"天请问经变"下画梵天诸问。这种布局可以第231窟和237窟为代表。上述严整的布局框架显示出吐蕃时期的石窟艺术结构十分严谨。但同时也使人感到有些刻板雷同，盛唐的活泼气氛正渐消失。

吐蕃时期的敦煌石窟艺术在多方面具有鲜明的时代特点和民族特色。以壁画布局而论，由唐前期洋洋壮观的每壁画一幅经变到每壁画多种经变，而且向每壁五分之二的壁面画屏风转变，就受到吐蕃族在佛事活动中的装饰方法的影响。第159窟"维摩诘经变"中维摩诘帐下各国王子群像，被画成了吐蕃赞普礼佛图。在这里，吐蕃赞普被画得身形高大，气宇轩昂，头戴红毡高冠，穿左衽长袍，长靿乌靴，束腰带，佩长剑，侍者张曲柄伞盖，前有奴婢燃香，后有武士随从。各族王子是退居次要位置，成为赞普的陪衬，从而突出了敦煌地区的新主人的形象。此外，由于战乱使交通不时受阻，致使许多过去从内地运来的颜料短缺，只有就地取材，故而采用了一些前代不多用的颜料，如石黄（第158窟）、云母（112窟），使画面出现了一派清丽柔和的格调。

当然，由于这一时期汉人仍是敦煌民族的主体，僧侣与从事佛教艺术创作的工匠也以汉人居多，更由于中原文化仍在寺院中世代流传，这一切决定了中原文化在吐蕃时期的石窟艺术中始终占据着主导地位。这不仅表现在石窟形制、塑像与壁画的内容、人物的造型和细节的刻画等方面的主流仍是唐前期敦煌艺术传统的继续，还表现在这一时期中原佛教文化仍不断对敦煌产生着影响。除了前面已经提到过的唐朝俗讲僧经常到河西来宣讲佛法以外，这一时期壁画中经变题材的增多，也是内地佛教宗派林立的反映。吐蕃时期，中原流行的净土宗、律宗、密宗、华严宗、禅宗、唯识宗，甚至延续时间很短的三论宗都传到了敦煌。因而，这一时期洞窟内宣传各宗派所宗奉的经典的经变种类也就必然增多，如"华严经变"所依据的《华严经》，就是华严宗所奉持的主要经典。此期佛像之后画屏风，也明显受到中原文化的影响，因为屏风是汉唐以来帝王公侯起居行事常用之物。更值得注意的是"文殊变"和"普贤变"的下方出现了小型的屏风画五台山图。如第159窟西壁下部的五台山图，五峰耸峙，道路通连，是构图完整的青绿山水。据史书记载，在公元八二四年，吐蕃曾派使者向唐朝求五台山图。敦煌壁画中的五台山图，当系依据中原本的五台山图绘制。

沙州佛教势力的膨胀和僧侣的地位的提高在吐蕃时期的供养人像中也有反映，出现了巨大的高僧像。如第158窟门侧，有近两米的僧侣像四身，旁题：大蕃管内三学法师持钵僧宜。

上述事实说明，吐蕃时期沙州佛教势力深入到了政治、经济、文化、艺术等社会生活的各个领域。在吐蕃统治敦煌后期，唐王朝统治的中原地区于公元八四四至八四五年发生了被称为"会昌法难"的唐武宗毁佛事件，中原佛教受到了沉重打击，并从此衰落下去。敦煌因在吐蕃治下躲过了这场法难，佛教继续保持着独尊的地位，形成了一个地区性的特殊状态。这种情况对敦煌以后的历史产生了深远的影响。

## （二）归义军前期——张氏时期(公元八四八—九一四年)

公元八四二年，吐蕃统治者因内部权力之争而发生内乱，势力大衰，其在河西的统治地位开始动摇。公元八四八年，沙州大族张议潮乘机率众起义，赶走了吐蕃节儿，从而结束了吐蕃在敦煌的统治。参加这次起义的除汉族外，还有住在沙州境内的粟特、退浑等少数族和占沙州人口很大比例的僧尼。就连吐蕃化很深的通颊人也有一部分参加了起义。可见，张议潮领导的起义是沙州各族人民反抗吐蕃残暴统治的正义斗争。起义军夺取了沙州、瓜州政权以后，张议潮决心归顺唐朝，因当时河西东部尚在吐蕃手中，阻碍着敦煌与中原的交通，故张议潮派出十路使节携带同样的表文分道向朝廷报捷。其中，一路绕道天德军（在今包头市附近）南下，于公元八五一年到达唐都城长安。在此期间，张议潮以沙州、瓜州为根据地，一方面抓紧恢复农业生产，修治兵甲；另一方面组织蕃汉兵迅速向东西发展势力。在不到一年的时间内，先后攻克了肃州和甘州，公元八五〇年，又恢复了伊州。公元八五一年，张议潮派其兄张议谭入朝，将沙、瓜、甘、肃、伊、西、鄯、河、兰、岷、廓等河西、陇右十一州唐朝旧图进献天子，以表归降之心。同年，唐王朝在沙州设归义军节度，授张议潮节度使，十一州观察使。从此，敦煌进入了张氏归义军统治时期，至公元九一四年，张氏的执政地位为沙州的另一大族曹氏所取代。张氏政权统治敦煌的六十年，正当中原唐王朝的晚期至五代初年，所以，张氏归义军时期又被称为晚唐时期。

但是，在唐王朝授张议潮归义军节度使、十一州观察使之时，张议潮的势力实际上并没有完全控制这十一州。且当时正值西北地区发生民族大变动之际。在以沙瓜为中心的张氏汉人政权周围，活跃着刚从吐蕃统治下解脱出来的退浑、通颊、萨毗等部族和吐蕃的奴部嗢末，归义军的正南和东南则仍为吐蕃所占据。另一方面，位于蒙古高原的回鹘汗国在九世纪三十年代末接连发生天灾和内部纷争，势力大衰，终于在公元八四〇年被黠戛斯（今吉尔吉斯人）击溃，其部众散奔西北各地。其中一部在西迁途中南下甘州、伊州等地，投奔了原来就住在那里的回鹘先民，而西迁回鹘的主流在首领庞特勤的率领下，大约在九世纪中叶，在焉耆、龟兹和西州一代创建了天山回鹘汗国。但也有一些部落活动在伊州、西州、北庭一带。另外，原出焉耆的龙家散布在沙、瓜、甘、肃、伊等州；小月氏的遗民仲云部游牧于楼兰一带。上述势力从西、东、南三方面对归义军构成威胁，而回鹘、龙家和仲云又都是比吐蕃系诸族更勇而好战的民族。

在归义军设立时，唐王朝政治已十分黑暗腐败。朝廷中宦官专权，地方上藩镇跋扈，不久不堪奴役的劳苦大众就爆发了大规模的反抗运动，南疆的南诏又不断向唐州县发起攻击，这一切使唐王朝无力顾及河西，不可能给归义军以实际的支持。不仅如此，备受吐蕃和内地强藩侵逼的唐朝君臣，也不希望归义军的势力过分强大，以防其形成与唐廷对抗的力量。

在归义军已控制的地区，由于吐蕃半个多世纪的落后统治，也遗留下一系列社会问题亟待解决。面对上述复杂而又严峻的形势，为使归义军政权在河西站稳脚跟，张议潮及其后继者张淮深主要采取了以下四项措施。

其一，是尽力求得唐王朝的承认和信任。归义军政权是以沙瓜二州为中心，归义军的治所沙州又是以汉族为主体。这里的汉族世代延续的是以忠孝为本的教育。即使在吐蕃占据时期，这里的汉人也始终不忘大唐故国。所以，取代吐蕃的归义军政权，必须取得唐王朝承认与支持，才有可能把当地的汉人紧密地团结在自己周围。生于敦煌，长于敦煌的张议潮及其后继者，自然深知属下汉人久埋心中的怀念故国之情，正是基于上述情况，张议潮在起义成功后，才尽快确定与唐王朝的隶属关系。公元八五一年，张议潮又派其兄张议谭入朝，以后就留在了长安，以取得朝廷的信任。公元八六七年，张议潮在河西重镇凉州已被攻克，河西已经统一，归义军势力臻于极盛的情况下，为了再次表明自己对唐王朝的忠诚，乃留其侄张淮深主持河西事务，自己则束身归朝。张议潮入朝后，被任命为右神武统军，封万户侯，并赐给田宅，实际上也是被当作人质留在了长安。当然，张议谭特别是张议潮这样很有作为在归义军中享有极高威望的首领入朝为质，对归义军来说是付出了极大的代价，但为了取得唐朝的信任，其实也就是为了归义军下属的基本群众人心有所维系，又必须采取上述步骤。争取唐王朝信任的另一办法是不断贡献物品，张议潮以后的归义军执政者也继续保持着对中原王朝"朝贡不断"。

与此同时，归义军主要首脑的官职也须千方百计求得唐廷的正式任命，方能挟天威以治军民。张议潮是以其兄张议谭为人质，才换取了节度使的正式任命。张议潮入朝后，继任者张淮深曾多次派使节到长安请求朝廷正式任命自己为节度使，但唐廷方面却一直拖延不决，自八六七至八八七年长达二十年的时间，张淮深没有被朝廷正式任命为节度使。正是由于唐廷的态度长期不明，致使归义军的内部人心浮动，开始出现裂痕，埋下了内乱的隐患。

唐王朝之所以采取上述拖延策略，除了不愿归义军势力过强以外，还与他们当时对藩镇的态度有关。当时唐王朝对藩镇的控制权虽已很弱，但节度使世袭并未普遍化。或者张议潮入朝后朝廷打算另派节度使，故而迟迟不批准张淮深的请求，以后则因循拖延，一直拖了二十年之久。

其二，是在辖区内恢复旧制，这也是要取得汉人支持所必须采取的措施。首先，取消了大部分吐蕃编制的部落，重建唐前期在这里实行的州县乡里制度，所不同的是敦煌此时不仅是沙州治所，还是归义军政权所在地。沙州下仍辖敦煌、寿昌二县。两县之下，寿昌仍辖一乡，寿昌乡；敦煌县下辖乡数有些变化，原来悬泉、从化二乡消失，又新出现了赤心乡，即由原来的十二乡变为十一乡。在敦煌城内，归义军恢复了唐前期实行的城坊制度和坊巷的称谓。

与州县乡里坊巷制的恢复相适应，归义军的军政机构，也仿唐藩镇的体制，设立了与内地藩镇一样的文武官吏及与其相应的一套文书、行政制度。节度使以下，州的长官为刺史，县长官为县令。与唐前期不同的是归义军在乡一级设置了知乡官，负责全乡的政务。乡下虽仍置里，但因里正的许多职权被收到知乡官手里，使里正在基层政权中的作用比以前下降了。

其次，废止吐蕃时期的户籍、土地、赋税制度。重新登记人口、土地，按照唐制编制新的户籍，制定新的赋役制度。从敦煌遗书中保存的一份八九一年沙州户籍残卷来看，归义军时期的户籍除注明各户人口情况外，还注明了各户土地亩数与分布情况，这都与唐前期的户籍相同。所不同的只是由于均田制已经废除，所以在户籍上登记各户土地时，不再出现与均田制相关的应受田、已受田等项目。户籍的编造方法也与唐前期相同。针对当时沙州荒田闲地较多的特点，归义军政权在对这类田地进行调查、登记以后，允许官民向官府申请耕种。官府在审批请地人的呈状时，优先照顾有劳力而又无地或少地的民户。此外，对百姓之间自愿对换土地，调整土地位置，官府一般也予以批准。

在重新登记人口和土地，并解决了无地或少地的民户的土地问题的基础上，归义军政权制定了新的赋税制度。在新税制下，赋税的名目主要有官布、地子、柴草等三项。这三项税额加在一起，虽比唐前期的租、调略重，但与吐蕃时期相比，却大大减轻了。

官布这一税目的出现，与当时敦煌没有实行货币经济有关。在吐蕃统治敦煌时期，唐王朝的货币被废除，交换的媒介是实物。归义军政权建立以后，由于货币极缺，人们在买卖、雇工、典当、借贷时仍是以麦粟、绢帛、布匹等实物计价。就目前所见材料来看，在交换领域以麦粟计价者居多，但以布匹计价者也不少。正是由于这一时期货币不是普遍的交换媒介，归义军政权才将唐朝赋税制度中应交现钱的那一部分税改为征布。

归义军政权恢复唐制的另一项内容是恢复被吐蕃禁止的唐朝服装，并针对长期吐蕃统治造成的吐蕃化现象大力推行汉化运动，包括推广汉语，把汉语作为官方语言，改造少数族的落后习俗等，使敦煌的社会风俗在很短的时间内发生了巨大的变化，"人物风华，一同内地"。

归义军政权通过上述两方面的措施既迎合了沙州汉人怀恋大唐故国的心理，又减轻了他们的经济负担，故得到了他们的拥护和支持。但是，由于河西自汉魏以来就是多民族聚居之地，吐蕃时期又曾有意识地迁徙了退浑、通颊、龙家等少数族进入这一地区。沙州归唐以后，辖境内仍有许多少数民族百姓，其中一些少数族还参加了抗蕃起义。所以，要想巩固归义军政权，光有治下汉人的支持还不够，还必须得到境内少数族的拥戴。为达到这一目的，归义军政权采取的第三项重要措施就是对境内少数民族采取两种不同的管理办法。对于吐蕃统治以前就已在境内并已开始汉化的少数民族，如粟特、龙家等，大多编入乡里，与汉人百姓杂居。而对那些吐蕃化较强的退浑和通颊人，则部分继承吐蕃制度，仍用部落的形式统治，部落的首领仍称部落使。管理部落的虽是汉官，但下达的文书仍用藏文书写。同时，归义军统治者还尽量吸收少数民族的头面人物参加政权。所以，归义军政权实际上是由汉、蕃上层联合组成。

事实表明，张议潮及其后继者实行的民族政策是成功的，取得了预期的成效。这一措施不仅消除了内部的不稳定因素，在归义军同周边少数民族的斗争中，由少数民族成员组成的蕃军也发挥了重要作用。

吐蕃统治敦煌时期遗留下来的另一重大社会问题是佛教社会势力的膨胀。归义军初期，在仅有两万人的沙州，十几所寺院中已有僧尼一千左右，寺户及其家眷合计也在一千人到两千人之间；僧尼和寺户已超过总人口的百分之十。而且，由于吐蕃时期佛教的影响已深入到社会生活的许多领域，所以在沙州各阶级、阶层中都有为数众多的世俗佛教信徒。完全可以说，佛教势力的态度，对当时沙州的社会有举足轻重的影响。如果得不到佛教势力的支持，归义军政权就很难在充满佛教气氛的沙州站稳脚跟。更何况沙州僧侣曾在释门都教授洪辩及其弟子悟真等领导下参加了抗蕃起义。在被派入朝的使者中，也有僧尼的代表悟真。

但是，归义军政权也不能任凭佛教势力继续向前发展。因为寺院经济日益强大必然加剧世俗地主和僧侣地主间的矛盾。大量寺户的存在，使世俗政权治下的编户百姓和纳税人口的数量相对减少。而且由于生产力的发展，寺户制这种落后的奴役制度已显得没有活力，广大寺户对这种制度已经表现出强烈的不满情绪。更严重的是，如果对已经具有强大的经济势力、社会势力和政治影响的佛教不加以适当限制，任其发展，它完全有可能脱离世俗政权的控制，甚至会凌驾于世俗政权之上，这对归义军政权的巩固当然也是十分不利的。针对这种情况，张议潮及其后继者采取了小心谨慎的对策，既加以适当限制，又给予保护和支持。这是张议潮及其后继者为稳定局势而采取的第四项重要措施。

所谓适当限制主要表现在以下两个方面。首先，是削减佛教教团掌握的依附人口，将一批寺户放免为平民，使之成为乡管编户。其次，废除了吐蕃时期的以都教授为核心的僧官制度，恢复唐前期的都僧统制。并以此为契机，和首任都僧统洪辩一起调查登记寺院财产，造财产登录簿。在此基础上，张议潮又进行了"分都司"的改革。"都司"是都僧统衙门都僧统司的简称。所谓"分都司"就是分割都僧统的权力。在经济上是将过于庞大和集中的都司财产，分散给各寺掌管，并把调整后的财产由官府监督造册；在政治上则缩小了都僧统的职权范围。在分都司之前，河西都僧统掌管整个归义军辖区的僧务，分都司以后，都僧统实际上成了沙州的主管僧官，沙州以外各州僧务改由各地僧政处理。所以，分都司的改革大大削弱了都僧统的权力。

应该指出，归义军政权进行的放免寺户和分都司两次改革都是很不彻底的。他们在放手免一批寺户的同时仍给佛教教团和寺院保留了一部分依附人口；在分割都僧统权力的同时也给都僧统保留了相当大的政治经济权力。造成改革不彻底的原因是归义军政权需要佛教势力的支持，所以他们既不能也不敢彻底摧毁佛教势力。为了避免上述改革引起佛教势力的不满，以至失去他们的支持，归义军政权公开宣布了自己对佛教的保护、支持政策。同时，张议潮及其后继者积极从事各种佛教活动，借以表明他们对佛教的态度。他们不仅积极参加礼佛活动，施舍大量钱财，主办大规模的斋会，还带头在莫高窟兴建功德窟。如第156窟就是张议潮的功德窟。第94窟是张淮深的功德窟，以后几乎每位归义军节度使都兴建了自己的功德窟。其中，张淮深兴建的洞窟历时两年多，在落成时还举行了有数千人参加的盛大斋会。

对于占沙州人口很大比重的僧尼，归义军政权并没有采取限制或打击的措施。甚至对那些出现于安史之乱以后，在吐蕃时期日益增多的不住寺，不"出家"的僧尼，也仍然没有像唐王朝管辖的中原地区那样把他们作为伪滥僧令其还俗，而是视作合法的僧尼，允许他们从事各种世俗活动。

由于归义军政权的放任自流，使敦煌的僧尼在原来的基础上进一步增多，张氏归义军后期，僧尼人数已发展到一千一百人以上。寺院的数目虽变化不大，一直保持在十六七所之间，但都又新出现了不少小寺（兰若）

和私家的佛堂。

寺院经济也仍然保持着相当的规模。原有的田园、碾磑、油坊等资产和大量财物因受归义军政权保护，自得继续存在、发展。未被放免的寺院依附人口寺户也被更名的"常住百姓"保留了下来。这些常住百姓对寺院仍有强烈的人身依附关系。他们不是作为编户注籍于乡里，而是附籍于寺院；他们也不能与平民通婚，只能在常住百姓等级内通婚，这就决定了他们的身份是世袭的。佛教教团以授田的方式把常住百姓束缚在土地上，仍编制为团进行管理。他们既须向教团交纳"草"等实物，又要提供力役。这说明常住百姓与吐蕃时期的寺户一样，其经济地位仍然相当于农奴。但是，由于相当一部分寺户已被放免为平民，此时寺院依附人口的数量已比吐蕃时期大为减少。这使得寺院的经济体制发生了重大变化。首先，许多原由寺户上役时从事的工作，现在因为劳动人手不够，都逐渐被寺院以各种租户和雇工所代替。这反映出劳役制这种落后的剥削方法正逐渐走向衰落。

寺院依附人口的减少还使以沙弥为代表的下层僧徒承担的劳务大为增加。吐蕃时期因僧团拥有大量寺户，故很少有僧徒参加劳动的记载。归义军时期，记载僧徒参加劳动的材料日渐增多，每个僧人大约每年要花费二十天左右的时间，和唐前期的正役相近。所以，这些僧尼虽从世俗政权那里获得了免役特权，但寺院对他们的役使也不算轻。

沙州寺院经济体制的变化对寺院经济的构成产生了重大影响。其主要表现是高利贷收入在寺院收入构成中所占的比重日益增大。早在吐蕃时期，寺院就已把经营高利贷作为谋利的重要法门。但当时高利贷的利息收入与地产收入相比尚不重要。同时，寺院发放给寺户的种子年粮，往往不取利息。这种情形在归义军时期有了很大改变，这时寺院的借契一般都注明了利息，其利率高达50%，这对劳动人手已大为减少，地产也难于大规模扩大的寺院来说，确是谋求财产增殖的最好办法。因此，寺院高利贷在归义军时期得到了迅速发展，其利息收入在寺院各项收入中逐渐占据了首位，而地产收入在收入构成的地位却不断下降。沙州寺院经济构成的上述变化反映出其寄生性和腐朽性愈益浓厚。

从归义军时期的寺院收入账目中我们还看到，官私布施仍是寺院的一项重要收入。官府以外，私人参加布施的几乎各阶级、各阶层都有。敦煌佛教教团和寺院每年都要举行多种佛教活动。如正月、五月、九月所谓三长月，有规模宏大的斋会，正月、十月、十二月要举行燃灯供佛活动。二月八日佛诞日，则用宝车载着佛像巡行城郊街衢，称为行像。七月十五日又有超度历代宗亲的佛教仪式，称为盂兰盆会，等等。上述活动常常吸引了众多世俗百姓前去参加或观看，寺院僧尼经常借机向参加、观看者宣传佛法。吐蕃时期始传入敦煌的俗讲活动，此期开始兴盛。敦煌遗书中保存了不少敦煌俗讲僧尼所用的"押座文"、"解座文"和讲经底本。讲经底本有《金刚般若波罗蜜经讲经文》《佛说阿弥陀经讲经文》《妙法莲花经讲经文》《维摩诘经讲经文》《佛说观弥勒菩萨上生兜率天讲经文》《父母恩重经讲经文》《佛报恩经讲经文》《盂兰盆经讲经文》《说三归五戒讲经文》等二十个。"押座文"有《八相押座文》《阿弥陀经押座文》《三身押座文》《故圆鉴大师二十四孝押座文》等。"解座文"则分别保存在伯2305、伯3128、斯2440等号中。上述讲经文、押座文、解座文大部分都曾在张氏归义军时期流行，足见当时俗讲之盛。随着俗讲的发展，此时又出现了一种更为自由的宣传佛教的方法，时人称为说因缘。说因缘只由一个人讲唱，不读佛经，主要选择一段故事，加以编制敷衍，或径取一段经文，传记，照本宣科。如《丑女缘起》是根据《贤愚经》卷二《波斯匿王女金刚品》铺叙讲唱的。主要是说波斯匿王有一女因前世有不敬佛的行为导致生得奇丑无比，后又因虔诚奉佛而变得美丽绝伦。原经文在讲述丑女的形象等细节时文字很简略，但在《丑女缘起》中都对这些作了十分详尽、生动的渲染。像描述丑女因虔诚信佛，经过佛的"点化"后，当即"容颜顿改旧时仪，百丑变作千般媚。公主轻盈世不过，还同越女及嫦娥。红花脸似轻轻坼，玉质如绵白雪和。夫主入来全不识，却觅前头丑阿婆。"由此可见，说因缘与正规的谷讲相比，不仅取消了乏味的诵读佛经，而且其讲唱的内容也更为浅近、生动，因而也就更容易吸引和迷惑群众。

值得注意的是，敦煌寺院僧尼有时还借用民间流行一种讲唱表演方式，讲唱一些非佛教题材的故事来吸引群众。这种讲唱表演方式与近代说唱曲艺中的"拉洋片"相似，表演时有说有唱，有时配合展示画图。这种讲唱文学的文字底本称为变文。这类变文在敦煌遗书中保存了不少。如《汉将王陵变文》《刘家太子变文》《伍子胥变文》《李陵变文》《王昭君变文》《张议潮变文》《张淮深变文》等。从这些变文写本的内容来看，张氏归义军时期讲唱的变文主要是历史故事和英雄人物事迹。这些变文大多是在史书和民间传说的基础上，又经过民间艺人的虚构和想象等再创造活动而完成的。故一般都具有情节复杂，故事曲折，人物形象生动，语言通俗易懂等特点。同时，这些作品还对正直、善良而遭受不幸的人物，给予深切的同情，并热烈歌颂他们反抗暴力暴政的高贵品质，激烈地抨击丑恶的社会现象。至于歌颂归义军首领的《张议潮变文》《张淮深变文》，则描写了归义军的威武强大，势如破竹地击败敌军的场面。

这些深为百姓欢迎的变文大量保存在佛教寺院的藏经洞中，说明当时的沙州僧尼，为了取悦施主、招徕听众，也不时讲唱变文。

当然，沙州佛教教团并不满足于一般的吸引和宣传。他们也十分注意把自己周围的信徒组织起来，结成宗教团体。这种佛教团体早在东晋南北朝时就已出现，当时一般称这类团体为邑、邑义、邑会、法义等。它们大多在寺院、僧尼的指导下，从事以造像为中心的佛教活动。此后，佛教寺院、僧尼一直把这种团体作为他们组织、团结信徒，控制群众的方式之一，沙州的佛教势力自然也不会例外。从敦煌遗书和莫高窟题记等材料来看，敦煌的这种佛教团体也是大多由出家的僧尼与在家的佛教信徒混合组成，其名称或称为社，或有沿袭前代称为邑义等。这种佛教团体虽名称不同，但实际上都是佛教结社，所以我们可以把它统称为佛社。佛社的规模一般在十几人至数十人之间，其首领一般是一到三人，比较多见的名称是社长、社官、录事，当时习称以上三个名目为"三官"。佛社多以从事一种佛教活动为主，也兼行一些其他佛教活动。不少佛社即以其所从事的主要活动为名，如以帮助教团举行燃灯活动为主的佛社称燃灯社，以帮助教团举行行像活动为主的佛社称行像社，等等。

敦煌的佛社作为佛教僧团的外围组织，成为佛教僧团经济与劳力的重要来源之一。它们分别负担着寺院的斋会、行像、燃灯等佛教活动的物资与劳役，还帮助寺院造窟、修窟、造像、修佛堂等。这就大大增强了寺院的经济实力，部分地弥补了寺院劳动人手的不足，从而为佛教的传播和发展提供了物质基础。不仅如此，佛社的成员还都是佛教信徒。所以，大量佛社的存在，扩大了佛教的社会基础。就一所寺院来说，它控制的佛社愈多，它的群众基础也就愈广泛，其影响也就愈大。正是因为看到了这一点，沙州都司及其下属寺院、僧人才把组织、控制这种佛社作为扩大自己势力和影响的重要手段之一。

自唐代以来，敦煌还盛行着一种主要从事经济和生活互助的私社。这类私社大多还保持着在每年春二月和秋八月举行祈年报获的祭社活动的风俗，而这种风俗又可上溯到相当久远的上古时代，故我们可把这类私社称之为传统私社。在这类传统私社的活动中，以帮助社人进行营葬最为重要。同时也举行一些其他互助活动，如社人婚嫁的操办，立庄造舍时的襄助，远行与回归时的慰劳等。在敦煌遗书中有关私社的文书中，大多是这类私社的材料。所以，我们可以说，以营葬活动为主兼及其他互助活动的私社是敦煌私社的主体。这类私社的发展在吐蕃时曾一度受挫，一些遭到破坏，归义军政权建立以后，又再度兴盛。传统私社不仅在数量上远较佛社为大，而且组织严密。它们大都有类似章程的社条，社人入社、退社都有一定手续。社条规定了严格的纪律。社人不参加社的活动，不按时如数缴纳社司规定的物品，不听三官指挥等，都要受到处罚，直至驱逐出社。在敦煌，由于相当数量的传统私社中有僧尼参加，有些社僧人甚至占一半以上，还有的社是以僧人为三官。这些加入传统私社的僧人虽然主要是由于他们的家人和自身在营葬和其他方面需要社邑的帮助。但长期与社人相处自是比较容易开展劝化活动。其次，自唐代以来，佛教在社会上的影响越来越大。敦煌在吐蕃统治时期佛教的影响更是深入到了社会生活许多领域。许多活动都渗入了佛教因素。这使得传统私社在举行活动时经常要有求于寺院，如营葬时就必须求助于寺院派僧人来给亡者做法事，营葬地点也多在寺院。这样一来，以营葬为主要活动的传统私社就必须与寺院保持经常的联系。这无疑给寺院提供了改造、利用乃至控制这类私社的机会。此外，对这类私社保持的传统风俗，敦煌寺院和僧人也采取承认、参与的态度。如社邑在举行春秋祭社活动时，寺院不仅为它们提供活动的场地，有的还和社人一起饮宴。

由于寺院、僧人的不懈努力，经过一个时期以后，寺院改造、利用传统私社的工作逐渐取得了成效。在吐蕃时期，敦煌已有一些传统私社从事佛教活动。到归义军时期大部分以经济和互助活动为主的私社都不同程度地受到寺院的控制。这些私社在保持其传统的同时，也兼行一些佛教活动。它们和佛社一样是寺院经济与劳动力的重要来源，分别为寺院提供各种物品和劳动力。由于传统私社数量很大，所以它对寺院所起的作用远远超过了佛社。

在归义军时期，指导、控制佛社与传统私社是敦煌寺院控制居民的主要手段。每所寺院都控制着一定数量的私社（包括佛社和传统私社），如与净土寺有联系的就不少于四个。所以，我们可以说，寺院通过与之有联系的私社几乎控制了敦煌的全体居民。

这一时期，寺院学校在敦煌教育中仍然占有重要地位。虽然归义军治下的沙州有州学，敦煌县有县学，甚至一些乡里和巷坊也建立了学校，私人学塾也较吐蕃时期兴盛，但寺院学校因师资素质好，教学水平高仍然受到人们的重视。甚至完全有条件进入州县学的归义军各级官吏的子弟也愿意到寺院学校去读书。这种情况当然有助于提高寺院在人们心目中的地位，有利于扩大寺院在社会上的影响。

对于沙州佛教势力利用上述各种方式向社会各阶层扩大影响，并通过组织、改造民间团体以控制敦煌居民的现象，归义军政权也未加干预。这和他们宣布保护佛教的政策以及不时地参加或举行一些佛教活动的做法是完全一致的。他们既然已通过解放寺户和分割都司权力等措施从根本上避免了教权凌驾于政权之上的可能，就没有必要再限制他们发展社会势力。因为沙州佛教势力只要在经济上不过分膨胀，在政治上拥戴归义军政权，其社会势力的发展、强大，就对归义军有利无害。

事实上，由于归义军政权的限制，敦煌的佛教势力已逐渐依附于世俗政权，神权也逐步为归义军所控制。首先，敦煌僧官的任免由归义军政权决定。虽然在名义上敦煌的最高僧官应由唐廷敕授，但实际上是由归义军政权内定，只是在形式上履行一下上报朝廷的手续。如悟真为河西都僧统，就是由张淮深指名，并很快得到朝廷批准。其次，这些由归义军政权任免并对归义军政权负责的敦煌僧官最后实际已成为归义军的下属官吏。如悟真曾长时间地在节度使军营中充当"耳目"。悟真的后任贤照在任时，因地方上时起祸患，节度使归罪于僧徒未能恪尽职守，贤照便赶忙发文斥责下属僧尼寺首领与僧徒，命他们认真做好燃灯、念经、修行等各种功课以博得节度使的欢心。

在政治上已完全依附于归义军政权的沙州佛教势力深知没有世俗政权的支持他们就难以生存、发展。所以他们也就必然要尽力为世俗政权服务。这种服务当然包括像悟真那样去充当使臣或随军出谋划策，但主要地还是利用举行宗教仪式、宗教活动来为归义军政权、归义军首领及其下属祈福或歌功颂德。具体说来，有的祝愿归义军政权长治久安，敦煌地区风调雨顺、五谷丰登；有的祝愿边界安宁，常打胜仗；有的祝愿归义军节度使及其下属身体健康，有病早愈，等等，五花八门，不一而足。

沙州佛教势力与归义军政权的这种依附关系，对莫高窟的兴建和石窟艺术的内容也有重要影响。

与沙州佛教社会势力的进一步发展相适应，张氏归义军时期莫高窟的开窟造像活动仍很兴盛。现在保存下来的属于这一时期开凿的洞窟有六十多个。在归义军节度使的带领下，沙州的大小官吏，敦煌的寺院、高僧和在寺院指导、控制下的各类私社以及不少受佛教影响的普通百姓都积极投身于莫高窟的兴建活动。

同时，在莫高窟的壁画中也引人注目地出现了为归义军节度使歌功颂德的内容。特别是节度使出资兴建的洞窟，简直成了他们列序家谱、光耀门庭的家庙。窟中的供养人像往往不是一人一家，甚至祖宗三代，姻亲眷属都依次排列在一起。这一时期的供养人像，一般在甬道两侧的为男像，戴幞头，着赭袍，腰缯笏如朝廷达官贵人；室内则为女像，头束高髻，身穿衫裙帔帛，若上层社会的妇女。随从的奴婢则形象卑小，衣饰简朴，与功德主对照之下显示出尊卑贵贱之别。此期的供养人像还承袭了吐蕃以来的发展趋势，形象愈来愈大。如第 156 窟内画的张淮深以后的节度使索勋与其子的供养人像，其身材赶上甚至超过了盛唐时期高大的菩萨，与此形成鲜明对照，壁画中的菩萨神像的个头却愈来愈小，这说明，此时的供养人像已不仅是向佛表示虔诚供养，同时还借此向人们表示其社会地位。

位于第156窟南北两壁下部并延展到东壁下部的张议潮夫妇出行图是莫高窟供养人画像中最杰出的作品。张议潮出行图高一百二十公分，长达一千六百四十公分，画在该窟的南壁和东壁的下部。此画从西边开始，由一百余人组成。前部是由击鼓、吹角的骑士，执旗持戟将士和伎乐舞队等组成的仪卫。画面中部的张议潮，顶戴幞头，身穿圆领红袍，系革带，乘坐白马，正在扬鞭过桥。把主人公置于过桥这一特殊的环境中，适合于显示其身份地位，从而突出了主题。在张议潮的身后，跟随着他的侍卫亲兵和侍从奴婢。最后为狩猎队和载运生活用品驼马。张议潮夫人出行图画在北壁，与张议潮出行图对称。此图以唐代散乐戴竿为前导，中有乐队四人，一人吹横笛，一人拍板，一人背大鼓，一人擂击；另一健壮技人，头顶长竿，四小儿于竿上作戏，演出种种惊险动作，颇类今日之杂技。接着是乐舞队，乐队七人，分操竖笛、琵琶、腰鼓等；舞伎四人围成方阵。挥袖起舞。其后是由白马牵挽的夫人行李车。车后有三乘方亭式肩舆。肩舆之后又有白马挽车，乃夫人的备用坐车。中部画夫人宋氏头饰花钗，身着大袖裙衫，骑白马。其身后是一群捧奁，执扇，抱琴，持镜的侍从奴婢。最后是纵犬追猎的骑士和驮酒瓮的骆驼，备好鞍鞯的诞马。

张议潮夫妇出行图是反映现实生活的历史人物画，它虽然被画在佛教石窟之中，但其内容与佛教没有直接关系。这两幅画的出现固然是沙州佛教势力向节度使大人讨好的产物，但在我们今天看来仍是赞颂英雄人物的现实主义壁画。它不仅因继承了汉代以来墓室壁画和画像石的传统而具有极高的艺术价值，还为我们了解当时的社会和生活提供了形象的历史资料。

沙州佛教势力积极为归义军政权效力在宗教题材的壁画中也有反映。这一时期的壁画虽仍以经变画为主，在内容上也继承了吐蕃时期的各种经变。但经变画中身着吐蕃装的人物都消失了，甚至原来在"维摩诘经变"中占重要地位的吐蕃赞普的形象或不再出现，或退居次要地位。这当然是沙州僧侣响应归义军政权恢复唐制号令的结果。此外，这时期出现了"报父母恩重经变""降魔变""楞严经变""密严经变"四种新的经变，已匿迹很长一段时间的"劳度叉斗圣变"也再度出现。"报父母恩重经变"和"劳度叉斗圣变"都是极富时代特色的经变。

"劳度叉斗圣变"是以《贤愚经》卷十《须达起精舍品》（写本有的称《祇园图记》）为根据。这一题材最早见于敦煌西千佛洞隋代第 10 窟。莫高窟是在初唐第 335 窟龛口内两侧首先出现这一题材，但规模较小，结构也不完整，以后又消失了。到张议潮时期才出现了具有完整结构的巨型"劳度叉斗圣变"。莫高窟现存归义军时期的"劳度叉斗圣变"计有三幅，其中第 196 窟和第 9 窟中的两幅最完整。从《须达起精舍品》的内容来看，《劳度叉斗圣变》主要描绘的是佛的弟子舍利弗与外道六师的弟子劳度叉斗法的故事。

值得注意的是，归义军时期的"劳度叉斗圣变"出现了一些《须达起精舍品》中所没有的情节。而这些情节在敦煌写本《降魔变文》中都有记述。《降魔变文》的主要内容与"劳度叉斗圣变"基本相同。它的主要依据也是《须达起精舍品》，但也参考了其他佛经中有关须达购园起精舍的记载。在创作过程中，作者对上述题材又做了艺术处理。为形成高潮，对情节有所调整，并制造悬念，以加强戏剧性，还根据作者的想象增加了一些有趣的情节。敦煌遗书保存的《降魔变文》创作于七四八至七四九年，归义军时期的"劳度叉斗圣变"中出现了《降魔变文》所独有的如须达寻找舍利弗于七里涧，须达、舍利弗及天龙八部赴会等情节，且第 9 窟画面的榜题也多与变文中的有关记载相同，说明这一时期的"劳度叉斗圣变"受到了《降魔变文》的影响，或者归义军时期的"劳度叉斗圣变"就是依据《降魔变文》绘制的。

在归义军张氏时期接连出现巨幅的"劳度叉斗圣变"，是封建正统思想在敦煌石窟艺术中的反映，根据儒家的理论，只有中原的汉族是正统，边疆的少数民族则一律被贬斥为蛮夷戎狄；而佛教也视自家为正统，把同时期的九十六种宗教派别均目为需要降服的外道。沙州佛教势力则把这两种思想在石窟艺术中巧妙地结合起来了。"劳度叉斗圣变"中宣扬的以正压邪的主题，实际是借佛教题材来歌颂张议潮战胜吐蕃光复敦煌的历史功绩。又由于归义军政权的周边并不太平，所以，宣传这一主题除了具有表达抗蕃胜利者的喜悦心情的意义以外，还起着鼓舞沙州人民在归义军政权领导下抵御周边少数族的进攻，长期巩固抗蕃斗争取得的成果的宣传作用。这就是"劳度叉斗圣变"在以后的曹氏归义军时期继续被一画再画的社会背景。

与上述壁画题材的变化相关联，这一时期的石窟形制也进一步民族化。虽然从数量上看仍以覆斗顶西壁开龛的殿堂式为主，但却引人注目地出现了中心佛坛式窟形。这种石窟有较宽较长的甬道，主室为正方形，覆斗顶。佛坛设在主室中央，环绕佛坛四周有通道。佛坛前有登道，后有后屏。坛上起马蹄形佛床，佛像列置在佛床上，佛床四周设有栏杆。背屏的位置恰在主尊的背后，如佛座的靠背，形如当时宫廷和寺院殿堂中的扇面墙。这种窟形可以洪辩所建的第16窟为代表。此外，此期还出现了一种中心龛柱式窟，形状与莫高窟早期中心塔柱窟相似，但这种形制为数较少，仅有第9、第14窟二例。

在张氏归义军时期出现进一步模仿中国宫殿、寺院殿堂等木构建筑形式的中心佛坛式窟形，无疑是敦煌佛教艺术进一步民族化的重要表现。如果我们考虑到沙州佛教势力与归义军政权的关系就不得不怀疑中心佛坛式窟形的出现是受到了归义军政权奉中原正朔，恢复唐制方针的影响。

从以上的叙述我们看到，张氏归义军时期的敦煌石窟艺术与以往相比，与当时政治、社会现实的联系更加密切，这就导致了它的进一步世俗化。更趋写实。这也就是说，当时的敦煌石窟艺术更加贴近现实生活。

但是，如果从艺术角度看，张氏归义军时期的石窟艺术却进一步失去了唐前期那种雄浑健康、气势磅礴的精神，由于经变的种类日益增多，而一窟之内又常常遍列各种经变。如第156窟所画的经变就达十六种。同时，每一种经变的内容也都比以前大大扩充。结果，往往造成画面拥塞、庞杂、零乱。壁画内容虽然增多了。但意境却不很丰富，反而不如唐前期的经变主题鲜明，结构精练，气魄雄伟。另一方面，经变结构和宗教人物形象的公式化也日益明显。特别是宗教人物的形象，尽管人物造型比例适度，用笔精细，色彩也还调和典雅，但却出现了千人一面的现象，失去了盛唐时期那种个性鲜明、生动活泼的特征。这都说明敦煌石窟艺术已走到衰落的路上去了。

张议潮对农业生产也十分重视。据敦煌出土的一块张议潮时期的断碑记载，张议潮在逐走吐蕃统治者以后，立即组织人力对敦煌的灌溉设施进行整修，提高了水利设施的正常运转促进了敦煌农业生产的恢复和发展，从而带来了经济上的繁荣。

政治的稳定和经济的繁荣，为张氏归义军政权对外用兵提供了良好的政治条件和坚实的物质基础。自公元八五一年唐王朝设归义军节度使以后，张议潮曾多次击退周边少数族的侵扰，并不失时机地率兵东征西讨，先后收复了离开祖国怀抱近百年的西北广大地区。

张议潮入朝以后，其侄张淮深继续抗击回鹘的骚扰，在相当长的一段时期内，保持了归义军辖区内的安定和丝路的畅通。

丝路的重新开通促进了中西政治、经济、文化的交流。前来或过往沙州的使团、僧人和商人又多了起来。在吐蕃统治敦煌时期，由于河西阻隔，中原通西域的交通路线或经由青海至于阗，或经由蒙古草原至高昌。河西收复以后，中西交往的主干线又改为经由灵州、凉州、甘州、肃州、瓜州，通过敦煌的古阳关至播仙镇（今且末）的路线。为了保证过往行旅的安全，归义军政权设置了知西道游弈使和知北道游弈使，以后又增加了知东道和知南道的游弈使，负责侦察周边少数民族的动静，保护使者、僧人、客商平安地通过各条大道安全地进入或经过敦煌。敦煌遗书伯2569《官酒户文书》记载了官酒户马三娘和龙粉堆在公元八八七年四月二十三日至三十一日九天之中招待的使客，有西州回鹘使三十五人，揳微使六人，凉州使二十三人，凉州嗢末及肃州使十一人，由此可以窥见当时中西交往的盛况。

经由敦煌的交通干线的恢复和发展，也为敦煌继续从中原和西域的文化中吸取营养提供了有利条件。以佛教而言，敦煌教团继续向中原王朝求取欠损的佛经。如敦煌遗书伯4962背就保存了归义军建立后不久，敦煌教团向中原王朝申请补赐欠损佛经的文稿。实际上，敦煌佛教界从中原取回的经典中，除了补缺外，还有佛经注释和偈赞之类的典籍。另一方面，敦煌的一些佛教典籍也被送往中原。此外，丝路的开通也有利于敦煌与中原的僧人互相往来，这些都使敦煌与中原之间佛教文化的联系比吐蕃时期更为密切。莫高窟经变画种类的繁多，仍是中原佛教宗派林立的反映。吐蕃时期逐渐增多的密宗图像，到张议潮统一河西以后已蔚为大观。第 161、54、14 等窟都绘满了密宗图像。如第 14 窟中就有金刚杵观音、十一面观音、不空绢索观音、千手千眼观音、如意轮观音，千手千钵文殊菩萨等。这些尊像都有随从眷属，上部画飞天，四角画四天王及菩萨，下部有婆薮仙、功德天及忿怒明王。十一面观音菩萨结跏趺坐于莲座之上，有慈悲相、忿怒相、每面各于身上生四十手，每手掌有一慈眼，手中持轮宝、杵、斧、索、戟、剑等诸法器。莲座下为须弥山，山上悬明月，山腰下缠双龙，山下碧波荡漾。画面上的各种人物神态不同，别有一种神妙境界。这些密宗图像，描绘的都是从中原传来的唐密佛教的形象，与"藏密"不同，足见张氏归义军时期莫高窟大量出现密宗图像是受中原密宗影响的结果。但另一方面，这一时期的密宗尊像在造型上又富有舞蹈性。特别是菩萨，宝冠巍峨，璎珞严身，舞姿优美，手势灵巧，罗裙透体，天衣飘扬，体态略带妖冶。这种新的造型特点，则又显然包含着来自印度的影响。

但是，张氏归义军的兴盛只保持了不到三十年。虽然张淮深在张议潮入朝几年后就开始在境内自称河西节度使，但直到公元八八七年即张议潮已经离开河西二十年以后仍未能得到维系人心、镇抚属下的节度使旌节，这使他在归义军政权中的处境越来越尴尬。唐王朝方面的态度长期不明，致使归义军内部一些人对张淮深产生了看法。同时，归义军政权的外患日益严重。占据西州的回鹘逐渐不再听从归义军节制，并于公元八七六年攻占了归义军的西部重镇伊州。到公元八六四年前后，张淮深对河西走廊东部地区的控制逐渐不稳，在甘州、凉州的少数民族不时发生骚乱。这些都使张淮深更加迫切地想得到唐朝正式授予节度使之名，以便利用大唐的旗帜来号令地方。因此，自公元八八四年以后，他先后接连派出三批专使入京乞求旌节。公元八八七年，这三批专使都到了为避长安兵乱而逃到兴元的唐僖宗驾前。

敦煌遗书斯 1156 中保存的沙州进奏院知院官夷则《上本使状》详细记载了这三批专使向唐廷求节的经过。从这份文件看，虽然沙州专使使用了上状、对问、送礼、请托等种种手段，但朝廷方面却只是拖延，不予明确答复。而且，在三批专使内部，明显地分为两派，一派以宋闰盈、高再盛为首，表示得不到旌节，至死不回；一派以张文彻为首，认为张淮深没什么功劳，肯定得不到旌节，再继续交涉也无济于事，不如尽早还乡。张文彻等人敢于公开口出秽言，诋毁张淮深，显然是背后有人支持，这说明在公元八八七年时归义军内部已形成拥护张淮深和反对张淮深的两派。

公元八九〇年，张淮深的反对派突然发难，淮深猝不及防，与其妻陈氏和三个儿子同时被杀。由于事关张氏家族的隐秘，故当时人记载这一血案时无法或不敢直书其事，而是采用曲笔和暗喻，致使淮深一家究竟死于何人之手，长期以来晦而不明。我们只能从当事人张景球撰写的《张淮深墓志铭》中使用隐喻窥知淮深系死于自家兄弟之手，因为继淮深执掌归义军大权的是张议潮之子，淮深的叔伯兄弟张淮鼎。所以，张淮鼎可能就是凶手。前述张文彻等坚决反对为淮深求取旌节，可能也是因为有淮鼎作后台。

张继鼎执掌归义军大权的时间并不长。公元八九二年，淮鼎病重，其子张承奉年幼不能自立。于是，淮鼎在死前托孤于张议潮的女婿索勋。但索勋却乘机自立为节度使，并很快得到了朝廷的正式任命。唐廷的这种举措表明他们所以迟迟不正式任命张淮深为节度使，的确包含着不愿张氏家族世袭此职之意。

索勋的篡权行为引起了已嫁李明振的张议潮第十四女张氏的不满，公元八九四年前后张氏与诸子合力，以兵变的形式杀死了索勋。为了吸取索勋篡权掠位授人以口实的教训，张氏尊张承奉为归义军节度使，实权却掌握在她的诸子手中。时张氏长子李弘愿为沙州刺史兼节度副使，次子李弘定任瓜州刺史墨离军押蕃落等使，三子李弘谏充甘州刺史，三人分别掌握沙、瓜、甘三州军政大权，归义军的日常军政事务也由李弘愿代为处理。身为节度使的张承奉，不过是李氏家族的傀儡。大约到公元八九五年底，李弘愿终于和索勋一样，把张承奉甩开，自立为节度使。

因为张议潮在归义军中声威素著，张氏家族在敦煌根基深厚。李氏家族的专权跋扈，早已引起忠于张氏家族的瓜沙大族的不满，他们更不能容忍李氏取张氏而代之。于是在八九六年初，瓜沙大族又发动了倒李扶张的政变，张承奉重任归义军节度使，李氏诸子可能在被削官贬职后处死。

自八九〇年至八九六年间，归义军内部接连发生政变，无暇外顾，给活动在归义军周边和辖区内的少数民族提供了可乘之机。早在八八四年，西迁途中南下的回鹘就不断地在甘州附近拦路抢劫，迫使当时已成为甘州主体民族的龙家率所部退浑、通颊、羌等部族迁往肃州。但回鹘当时并未在甘州站住脚，在八九四年时，甘州仍在归义军控制之下。以后不久，回鹘再度攻占甘州，并在此建立政权。甘州回鹘政权大约在八九八年得到了唐王朝的正式承认，甘州也就正式脱离了归义军的控制。而肃州自从龙家迁入以后，也逐渐不复为归义军所有。河西东部的凉州，由于有中间新兴的甘州回鹘政权和肃州阻隔，无法与归义军联系，也逐渐脱离了归义军的实际控制。在九世纪末十世纪初时，归义军实际控制的已仅有瓜沙二州了。

但是，张承奉并不满足于消极防守瓜沙地区。他不仅不想与周围的少数民族政权改善关系，以求共存，反而想用武力恢复归义军兴盛时期的旧疆。连年的战争严重破坏了瓜沙地区的社会生产，致使经济凋零，不少百姓家破人亡，境内"号哭之声不止，怨恨之气冲天"。九一一年，甘州回鹘再度大举进攻瓜州，张承奉兵败求和，被迫取消九一〇年建立的金山国国号和帝号，并认回鹘可汗为父，与甘州回鹘可汗国结为父子之国。此后，成为甘州回鹘附庸的张承奉政权又曾使用过"敦煌国"的名号，在屈辱受制的情况下苟延了数年。

## （三）归义军后期——曹氏时期
## （公元九一四—一〇三七年）

公元九一四年，沙州的另一个大族曹氏家族中的曹仁贵取代了已失去人们支持的张承奉，并恢复了归义军的称号。从此，直到归义军政权灭亡，曹氏家族一直掌握着归义军政权。人们通常把这一历史时期称为归义军曹氏时期。这一时期正值中原的五代至宋初。

曹氏归义军政权吸取了张承奉失败的教训，他们一方面努力改善与周边少数民族政权的关系，使饱受战乱之苦的瓜沙百姓赢得喘息的时间；一方面积极恢复与中原王朝的统属关系，接受中原王朝的封号，使用中原的正朔，利用旧日唐朝在各族人民心目中的声威，以求在西北各民族中树立自己的正统地位。对于甘州回鹘，曹仁贵自知当时尚无力摆脱其控制。于是仍然承认张承奉时形成的"父子之国"的依附关系，并娶甘州回鹘可汗女为妻，又嫁女给甘州回鹘可汗为妻，通过和亲来结好回鹘。经过努力，曹仁贵终于得到回鹘可汗的"旨教"，同意归义军派使团向朱温建立的后梁朝贡。公元九一八年七月，后梁朝廷派使臣前来沙州，正式承认了曹氏归义军政权，敦煌地区开始使用后梁的年号。

大约在公元九二二年，曹仁贵更名为曹议金。此后，他进一步加强了同中原王朝的联系，不断派朝贡使前往中原。公元九二四年五月，曹议金被正式任命为归义军节度使，沙州刺史、检校司空。公元九三一年初，曹议金又被后唐朝廷擢升为节度使兼中书令。

中原王朝的承认和支持对于曹氏维系内部人心和在西北少数民族政权中确立其地位起着十分重要的作用。此时，瓜沙地区经过十年的休养生息，已积累了相当的力量，深受敦煌百姓拥戴的曹议金，决心改变受制于甘州回鹘的屈辱局面。于是，在公元九二四年底或九二五年初，乘甘州回鹘内乱之机，发起了征讨甘州回鹘的战争。征讨军由曹议金亲自统领，经过激战，归义军大获全胜，一直打到甘州回鹘的政权所在地张掖城，迫使甘州回鹘投降。并把归义军政权与甘州回鹘的依附关系颠倒了过来。双方确认新的关系是，以归义军节度使为父，甘州回鹘可汗为子。同时，归义军与中原王朝联系，受制于甘州回鹘的局面也得到改变，经肃、甘二州前往中原的河西旧道完全开通。公元九二八年，仁喻继承甘州回鹘可汗位，被后唐册封为顺化可汗，与曹议金以兄弟相称。此后，归义军与甘州回鹘虽仍不时发生摩擦，但双方关系的主流已进入了一个在平等、共存基础上的友好往来的新时期。

对于归义军西边的少数民族政权，曹议金也尽力改善与他们的关系。

和占据着东起伊州，西至龟兹的西州回鹘王国保持着友好往来，敦煌遗书中保存了七、八件曹议金时期派人出使西州、伊州和西州、伊州派使者前来敦煌的材料。曹议金还和塔里木盆地西南沿的于阗王国结成姻亲关系。曹议金将女儿嫁给于阗国王李圣天，并被后唐王朝册封为于阗皇后，此后，双方使者往来不断。

对归义军内部的治理，曹议金继续吸收瓜沙望族和少数族的头面人物参加归义军政权，为此不惜增设官职。在曹议金的功德窟第98窟的供养人题名中，仅"节度押衙"就达九十七人。所见官衔达十八种。对于瓜沙地区的农牧业生产和手工业发展，曹议金一直比较重视。当时，官府直接经营畜牧业，有官马群、官羊群、官驼群，设知马官、知驼官等。手工业方面，官府亦拥有铁、石、金、银、纸、皮、灰、箭、雕版等各类工匠和酿酒户。与此同时，曹议金还进一步振兴文化事业，特别是进一步推崇和支持佛教。

曹议金的对外对内政策取得了巨大成功。归义军政权不仅得到了中原王朝和周边少数民族政权的承认，也得到了境内兵民的支持。敦煌遗书伯3500《童谣》对曹议金时期的统治大加歌颂，其中有"三危昨来转精耀，六郡尽道似尧时。田地今年别滋润，家园果树似荼（涂）脂。河中现有十碾水，潺潺流溢满百渠。必定丰熟是物贱，休兵罢甲读文书……四面蕃人来跪伏，献驼纳马没停时。甘州可汗亲降使，情愿与作阿耶儿。汉路当日无停滞，这回往来亦无虞。"敦煌遗书中保存的此期曲子词中，也有称颂曹议金的篇章。如伯3128和斯5556号中的"望江南"曲子词云："曹公德，为国拓边西。六戎尽来作百姓，押弹河陇定羌浑，雄名远近闻。"上引童谣和曲子词虽有溢美夸大，但也道出了曹议金在极端困难的历史条件下重建并巩固瓜沙汉人政权的巨大历史功绩。

公元九三五年二月，曹议金去世，其子曹元德继位；公元九三九年，曹元德卒，弟元深继位；公元九四四年，曹元深卒，弟曹元忠继位。曹元忠在位时间较长。公元九七四年，曹元忠死后，其侄曹延恭继位，两年以后，曹延恭病故，其职由曹元忠之子曹延禄接任。

在曹氏兄弟及他们的后代执掌归义军大权的数十年间，基本上遵循了曹议金时推行的内政和外交方针。首先是一直维持着和中原王朝的统属关系。每位归义军节度使去世以后，都要向中原王朝告哀，新继任的归义军节度使也照例要争取得到中原王朝的承认和正式任命。这种关系并未因中原王朝的更迭而发生变化。虽然节度使在境内自称的加官级别随着时间的推移越来越高，甚至以大王为号，但加官仍然是循着由低到高的顺序升迁，大王的称号也并不随便使用。而且，在与中原王朝联系时，都是小心地使用中原王朝授予的较低的加官。此外，他们还经常向中原王朝派遣使团、进贡物品，以加强联系。

在对外方面，他们继续努力改善和发展与周边少数民族政权的关系。

曹议金及其后继者推行的对外政策不仅使归义军在五代宋初复杂的民族关系中得以生存、发展，河西西部与西域各绿洲王国之间的相互友好往来及由此带来的相对安定的政治环境，还为密切中原王朝与这些地区的联系和中西往来提供了良好的条件。

北宋建立以后，有很多僧人经由河西、敦煌前往天竺（印度）求法。他们在往返途中常在敦煌暂居。很多敦煌僧人或者随同这些中原僧人，或者随同东行的西域僧人，甚至混杂于西域各国的商队和使团中频繁出入中原。敦煌与中原联系的加强和两地僧人的频繁往来，促进了双方佛教文化的交流。首先，敦煌仍是不断向中原求乞本地已欠损的佛经。敦煌遗书斯2140号中就保存着曹氏归义军初期的《沙州乞经状》。曹延禄时期，又曾向宋朝皇帝求得一部《金字藏》。其次，那些往来于敦煌的僧人也不断把中原僧人的佛教著述带到敦煌。如敦煌遗书伯3023中保存的《妙法莲华经赞文》，就是北宋开宝寺和尚继从在开封所撰，在他西行求法路经敦煌时作为礼品献给归义军节度使曹元忠的。西行求法的僧人有时还将从西域取来的佛典留在敦煌，如敦煌遗书斯3424背保存的《菩萨戒本》就是曹氏归义军时期中原僧人志坚从西域取回的戒本抄本。值得注意的是，五代时期，西川(成都)佛教界与敦煌和西域佛教界的交流也十分密切。当时，四川通西域的道路，也是经过敦煌的。公元九五八年，去西天（西印度）取经的西川善兴大寺院法主大师法宗，归途中曾在敦煌作短暂停留，将抄写的佛典《维摩诘所说经》献给曹元忠。在敦煌遗书中也保存着依据"西川本"抄写的佛经。西行求法的僧人在敦煌暂居期间，有时也进行佛典整理和传法工作。

当然，这一时期敦煌与中原佛教文化的交流仍然是双向的。由于敦煌自佛教传入后始终保持着长盛不衰，又由于它不断从中原和西域两个方面吸取营养，所以，它早已形成自己独有的特点。而中原佛教自唐武宗毁佛后其势大衰，佛教典籍的流失在所难免。因此，在唐晚期北宋时，敦煌保存着不少在中原看不到的佛教典籍。张氏归义军时期张议潮曾向中原王朝进献在敦煌流行的佛教典籍。在曹氏归义军时期，西行求法的僧人常把从敦煌搜求佛典作为目的之一，如北宋僧人惠銮因见中原流行的陀罗尼译著拙劣，就曾奉皇帝之命赴敦煌搜求较好的译本，在敦煌三界寺观音院抄写了优于中原译本的《大悲心陀罗尼》和《尊胜陀罗尼》。

敦煌与中原、西域之间佛教文化的交流为曹氏归义军时期佛教的继续兴盛提供了良好的外部条件，而曹氏历任节度使对佛教的支持和尊崇则为保持其繁荣创造了良好的内部环境。如果说，在对中原王朝和周边少数民族政权的态度方面，曹氏归义军与张承奉政权有着明显区别的话，在对佛教的态度上曹氏却完全继承了张氏归义军的政策。他们不仅把发展佛教、争取佛教势力的支持作为稳定社会、巩固政权的重要措施，还试图凭借高度发达的佛教文化来提高归义军政权在西北少数民族政权中的地位。在这样的背景下，敦煌的佛教继续保持着强大的势力。根据敦煌遗书伯2638号记载，公元九三六年时，在敦煌十七所大寺的名籍上仍有九百六十九个僧尼。僧尼不住寺不"出家"仍属合法行为。所有僧尼都受到人们的尊崇，享有很高的社会地位。敦煌佛教僧团继续通过指导、控制各类私社控制着敦煌的民众，保持着强大的社会势力。特别值得一提的是，这一时期敦煌的佛教徒不仅继续靠讲唱非佛教题材的变文来吸引群众，还进一步采用这种讲唱表演方式来宣传佛教。敦煌遗书中保存了一大批讲唱佛教题材的变文写本。如《破魔变文》《八相变文》《频婆娑罗王后宫采女功德意供养塔生灭因缘变文》《大目乾连冥间救母变文》等。这些作品或者创作于曹氏归义军初期，如前三种；或虽创作时代较早，但曹氏时期才开始在敦煌流传，如后一种。这说明敦煌僧人利用讲唱变文的方式来宣传佛教始于曹氏归义军时期。佛教题材的变文大多是从佛经中截取一段最富故事性的情节编制敷衍而成，有些故事见于多种佛经，变文的作者就融会各种佛经的有关记载，取长去短，再加上自己的想象。如《破魔变文》，说唱的是释迦牟尼在经过六年苦修、觉悟成佛之初，引起魔王波旬的极大恐惧，因而先用武力发起攻击，继而又用美色进行引诱，但均未能得逞，最后终于被佛所降伏。这个故事屡见于各种佛经，而以《佛本行集经》的记载最为详尽。《破魔变文》即是融会了众经中有关这个故事的记载，并加上作者的虚构想象而成。由于佛教题材的变文并不完全依照佛经。其中颇多对人物、场景的生动、细致的描述。如《破魔变文》在描述魔王率部进攻释迦牟尼惨遭失败时描述魔王的部下"垂烟吐炎之辈，反被自烧；戴石擎山之徒，自沉自坠。外道等弓欲张而弦即断，箭欲发时花自生（指箭镞化为莲花）。枪未盘而自折，剑未抢而刃落。"于是，"大者雾中觅走，小者云中撼战。"魔王只得大败而逃。魔王继派三个女儿以美色引诱释迦牟尼，佛祖再显神通，顷刻间将三个美女化为老妇。如此生动的情节，自是比枯燥的讲经更能引人入胜。再加变文的文体是散韵相间，在表演时是说散文唱韵文，有时还配合讲唱向听（观）众展示画图。所以，这种宣传方式与俗讲、说因缘等宣传方式相比，也具有明显的优越性，因而也更能吸引群众。

寺院学校也仍然十分兴盛。甚至归义军节度使也把后代送到寺学中去读书。如曹议金的次子曹元深就曾在三界寺求学，索勋的孙子索富通在公元九二二年时也是金光明寺的学郎。足见寺院学校仍是归义军境内一流的学校。

当然，曹氏归义军政权也不是听凭佛教势力自由发展。首先，敦煌地方僧官仍被牢牢地控制在世俗政权手中。在公元九三五年至九四三年间在位的都僧统龙辩在给节度使上书时，竟称自己为"释吏"，反映出此时的教权已完全失去独立性。其次，归义军政权还控制着佛教发展的导向。这一方面表现在几乎一切佛教活动中都要为节度使及其亲属的文治武功大唱赞歌，并为他们祈福，这当然有利于巩固他们的统治；另一方面表现在他们着重支持发展敦煌的佛教文化和佛教艺术，努力把敦煌建设成为西北地区汉化佛教的中心，以提高归义军政权在西北少数民族政权中的地位。他们通过支持敦煌与中原两地僧人的交流和不断的乞经使敦煌无论在藏经方面还是在佛学研究方面都代表了西北地区汉化佛教的最高水平。对于敦煌佛教和佛学的发达，敦煌人也颇以此为荣，他们在诗中自豪地写道："莫欺沙州是小处，若论佛法出彼所。"在发展佛教艺术方面，他们也是不遗余力。从曹议金到曹延禄，历任节度使都在莫高窟从事过新建或重修活动。如第98窟由曹议金出资兴建，第100窟是曹元德的功德窟，第256窟的窟主是曹元深，第454窟则由曹延恭始建，曹延禄完成。曹元忠由于在位时期较长，再加当时曹氏政权正值鼎盛时期，所以他新建了第61窟、第55窟、第25窟等三个洞窟，还扩建、重修了一些窟像。在公元九六六年重修北大像时，曹元忠与其夫人翟氏亲临监督，翟氏还亲自为三百多人造饭。由于曹氏家族实力雄厚，所以他们开凿的多为大型洞窟。在曹氏历任归义军节度使的带动下，归义军的各级官吏与治下的百姓及为寺院所控制的社邑都参加了莫高窟的新建或重修活动，现存曹氏时期的洞窟达五十五个。此外，还在长达一公里的露天崖面绘制了壁画，并为洞窟修建窟檐和通道。至于小规模的整修工作，几乎遍存于现存的每所石窟。经过曹氏的经营，莫高窟已成为西北地区佛教徒仰慕的圣地。公元九四九年节度押衙张盈润在莫高窟第108窟前室壁画的题诗中描述了当时莫高窟的胜景。他写道："昨登长坡上大坂，走上深谷睹花池；旁通常开千龛窟，此谷昔闻万佛辉；瑞草芳芬而（如）锦绣，祥鸟每常绕树飞。"

为了搜罗从事开窟造像和绘制壁画的专门人才，曹氏归义军政权还仿照中原设立了画院。从莫高窟和归义军辖区内的瓜州（安西）境内的石窟寺榆林窟的供养人画像题记中我们知道，当时的画院里有石匠、塑匠、画师和画院学生。画院的负责人为都勾当画院使。由于有一批技艺纯熟的匠师统一规划，集体创作，使得曹氏归义军时期开凿的石窟具有独特而又统一的风格。

在曹氏时期，莫高窟可供凿窟的崖壁已经不多，所以除了前面提到的由节度使营建的大型洞窟以外，其余都是修改旧窟而成，有些壁画的下面还保存着原来的壁画。所以，这一时期的石窟形制大多是因袭旧窟，新开的洞窟则为张氏时期已出现的中心佛坛式。此期的中心佛坛式的石窟窟内的内容和布局与张氏时期大体相同，所不同的是窟顶四角均有凹入的浅窝，内画四天王，用以镇窟。

曹氏时期的洞窟多在莫高窟的下层，塑像易遭破坏，保存至今的已不多。具有代表性的只有第261窟和55窟。曹元忠时期的第55窟一铺七躯，主尊结跏趺坐，位居坛上正中；观音、势至半跏坐，身姿自然；天王则威猛有力，脚踏恶鬼。这些塑像虽在造型、布局上还保留着唐代的余风，但相貌、躯体却日趋臃肿，笨拙，缺乏内在的精神和活力。

曹氏时期的壁画仍然承袭着张氏时期的规范。经变画仍是主要题材，其种类达十九种之多，但除"佛顶尊圣陀罗尼经变"之外，其他均已在前代流行。唯经变中所描绘的各品内容及具体情节都有所增加。如第61窟的"法华经变"居中的序品，为释迦及圣众八十余人的壮观说法场面，周围穿插各品情节，共约七十个场面，计有榜书六十八条，几乎包括了《妙法莲华经》二十八品中的各种内容。在张氏时期出现的连屏式《贤愚经》故事画，这一时期得到了发展，形成了规模空前的鸿篇巨制；一窟之内，独立的故事画多达三十余种，形式上与早期的故事画不同，并出现了许多新的内容。如"象护与金象故事"，"檀腻鞠奇遇故事"等都是与莫高窟早期故事画不同的新形式的因缘故事。

在第61窟中，屏风画的主题则为佛传故事画。在南、西、北三壁的下部，用三十三扇屏风画了一百三十一个画面，描绘了从云童观花到均分舍利起塔供养的全部佛传内容，其中有许多画面是过去佛传故事画中所不见的，可称是莫高窟晚期故事画中的鸿篇巨制。而且每一内容均有墨书榜题，显示了中原画风的影响和中国民族艺术的深厚传统。

曹氏时期的供养人画像也是沿着张氏时期的趋势向前发展。在大型窟中，窟主和宗族显贵的画像一般绘制在宽大高敞的甬道两厢，最为典型的是在第98窟甬道南壁画曹议金父子，北壁画姻亲张氏家族，门内主室东壁画于阗国王、皇后及侍从，北侧画回鹘公主及曹氏眷属。南、西、北壁屏风画下各绘小身画像一排，为曹氏节度使衙门的大小官吏，画像范围之广，为前代所未有。这些画像均按尊卑长幼排行列次和确定形象的大小。尊长的形象一般为等身大小，有的甚至超过人身。如第98窟中曹议金的画像达二点四二米，于阗国王李圣天的画像则达二点九二米。曹氏家族与甘州回鹘、于阗的联姻关系，在供养人画像中也得到证明。如第 61 窟东壁南侧曹议金的夫人，头顶高髻，后垂红结绶，翻领窄袖长袍、绣鞋。完全是回鹘的装束，画像的榜题为"北方大回鹘国圣天的子敕授秦国天公主陇西李……"，曹议金嫁给甘州回鹘可汗的女儿亦着回鹘装，榜题为"甘州圣天可汗天公主。"第 98 窟的于阗国王头戴旒冕，上饰北斗七星，头后垂红绢，高鼻，大眼，蝌蚪式的八字胡，身穿衮龙袍，腰束蔽膝，双脚有天女承托。其服饰完全是中原帝王的装束。画像榜题为"大朝大宝于阗大圣大明天子。"于阗皇后则头饰花钗冠，着回汉混合装，榜题"大朝大于阗国大政大明天册全封至孝皇帝天皇后曹氏"。这个曹氏就是曹议金之女。在第 100 窟中则出现了摹仿张议潮夫妇出行图形式的曹议金与回鹘公主出行图。这些供养人画像特别是曹议金与回鹘公主出行图和于阗国王、皇后及侍从像，不仅具有艺术价值，还具有很高的历史价值。

绘在第 61 窟西壁的通幅《五台山图》，是曹氏时期敦煌壁画中为数不多的精品之一。五台山传说是文殊菩萨的居处，自北魏起已深受佛教徒的景仰，许多人远来巡礼供养，许多寺院陆续建立起来，许多圣迹也随着时间的推移逐渐附会而生。到唐高宗时，中原便出现了描绘这一佛教圣地的"五台山图"。以后，对五台山的信仰也流传到了敦煌。敦煌壁画中出现《五台山图》是在吐蕃统治时期，但只是被画在屏风画上。敦煌遗书中也保存了不少歌咏五台山圣境的《五台山赞》《五台山曲子》，其流行时代也是吐蕃统治敦煌以后。第 61 窟中的"五台山图"。位于中心佛坛后面的西壁上，这幅图规模空前，总面积达四十五平方米，占了整个壁画面的四分之三，是莫高窟现存最大的整幅壁画。图上山峦起伏，五台并峙；正中一峰最高，榜题"中台之顶"，两侧有"南台之顶""东台之顶"等四座高峰。五台之间遍布大大小小的寺院和佛塔约六七十处，其中包括"大法华之寺""大佛光之寺""大福圣之寺""大建安之寺""大清凉之寺"等十六所大寺。中台则有雄伟的"万菩萨楼"和"大圣文殊真身殿"。画面下部还画了从山西太原经五台山到镇州（今河北正定）千里江山的山川地理和风土人情。佛寺之外，图中还绘制了镇州城、太原城、五台县城等八座城镇，各式塔二十八座，草庐三十三间，桥梁八处，以及朝山、送贡、行脚、商旅、刈草、饮畜、推磨、舂米等形形色色的人物形象。这幅图用鸟瞰式透视法将重峦叠嶂，绵延千里的山川景色和风土人情汇集于一壁，远观有磅礴的气势，近看有真实生动的人物情节。它不仅是现存最古的形象地图，也是别具风格的山水人物画。

总的说来，归义军曹氏时期的石窟艺术是张氏时期的继续。首先是在石窟形制、塑像、壁画等方面都承袭着张氏时期的规范，很少有突破；另一方面，这一时期的艺术沿着张氏时期的趋势继续走向衰落。公式化的现象日趋严重。如供养人像服饰雷同，缺乏个性，大多是千人一面。经变和故事画也是如此，构图与人物形象都已明显格式化、图案化。榜题的增多使画面显得支离零乱，壁画的图解性质日益增强，艺术境界已被冲淡，由曹氏画院营建的洞窟虽有统一而又独特的风格，但匠气浓厚，数十个洞窟的壁画如出一个粉本和一人之手，形式和内容都很贫乏，到处都是模样差不多的佛菩萨像，使人感到十分单调，沉闷。像"五台山图"这样的优秀作品，可以说是少而又少。值得注意的是，这一时期中原宋塑、宋画的写实风格和多彩多姿的绘画技巧似乎未能对敦煌石窟艺术产生明显的影响。这表明随着敦煌作为中原王朝边防重镇地位的丧失，其艺术也已达不到同时期中原的水平。

与佛教文化和佛教艺术继续保持兴盛颇不相称的是，曹氏归义军时期的沙州寺院经济继续走向衰落。这与归义军政权控制佛教发展的导向有关。这一时期，常住百姓对寺院的依附关系日趋松弛，并开始发生贫富两极分化现象，许多人不得不靠借贷度日；而少数人则富裕起来，或者成为承租经营油坊的梁户，或者成为拥有一定生产资料甚至包括婢女在内的世袭产业。这表明以劳役制为特征的常住百姓制度将退出历史舞台。为了维持寺院的庞大支出，敦煌寺院不得不寻求新的财源。于是，租佃制和出租加工业得到了进一步的发展，下层僧徒承担的劳务也进一步增多，高利贷收入在寺院收入中的比重进一步上升。依据敦煌遗书中保存的敦煌净土寺的收支账目，在公元九三九年净土寺麦粟豆三项主要粮食收入中，高利贷利息分别占 56.41%、64.68%、72.23%，而地产收入在麦收入中仅占

17.4%，在粟收入中仅占 9.58%，可见高利贷收入已成为寺院经济的主要支柱。这说明吐蕃时期以劳役制为支柱的寺庄经济结构，在归义军时期正逐渐为高利贷，租佃制和加工业相结合的寺院经济体制所代替。

沙州寺院经济衰落的另一标志是僧尼人数日益减少。沙州僧尼减少一是由于曹氏政权对外采取和平外交政策，使编户百姓的兵役，徭役负担大为减轻，二是由于寺院对下层僧尼的役使日益加重，下层僧尼的负担已不比世俗百姓轻。这使得为逃避兵役，徭役而出家为僧的人大大减少，这当然会造成寺院经济的衰退。

寺院依附人口的减少和寺院经济的衰退迫使沙州佛教势力在政治、经济上更加依赖世俗政权，而这正是归义军政权的期望。

在曹延禄执政晚期，归义军政权与甘州回鹘的关系再度恶化，据敦煌遗书伯 3412 号《安再胜等牒》记载，双方又发生了战事。战争给瓜、沙地区的民众带来了深重的灾难，再加上曹延禄在处理归义军内部事务时也不够公平，使不少人含冤受屈，终于在公元一〇〇二年激起了兵变。当时，曹延禄与其弟瓜州防御使曹延瑞均在瓜州，愤怒的士兵与百姓包围了瓜州军府，延禄兄弟被迫自杀，延禄的族子曹宗寿在众人推举下掌握了归义军政权，宋廷任命曹宗寿为归义军节度使。

由于北宋王朝一直把瓜沙二州视为"羁縻"地区，对归义军政权并不重视。故曹宗寿在保持和宋朝关系的同时又进一步密切和北方辽的关系。公元一〇〇六年，宗寿派使者向辽贡大食马、美玉等，辽则赏赐给宗寿对衣、银器等物品。公元一〇一四年，曹宗寿卒，其子曹贤顺继任。曹贤顺继续在保持与宋朝的统属关系的同时加强与辽的联系，并在公元一〇一九年被封为敦煌郡王。在公元一〇二〇年和公元一〇二三年，曹贤顺又曾两次向宋朝进贡乳香、玉、硇砂等物品，但此时的归义军政权已十分衰弱。自公元一〇二三年以后，曹氏归义军政权从史籍中消失。因材料所限，我们已无法确知曹氏政权灭亡的具体情况。值得注意的是，史籍在记述公元一〇二〇年曹贤顺向宋进贡时，明言"沙州回鹘敦煌郡王曹贤顺遣使来贡"。对这一记载可以做三种解释：一是可以理解为沙州回鹘与曹贤顺共同派使者来进贡；二是沙州回鹘与曹贤顺两个政权或势力的使者一起来进贡；三是敦煌郡王曹贤顺的政权在北宋王朝的眼中就是沙州回鹘。不管采用上述哪一种解释，都说明在公元一〇二〇年时沙州已存在一支新兴的回鹘势力。而最终取代曹氏政权的正是这支沙州回鹘。沙州回鹘取代曹氏政权的具体时间，也因史籍缺载晦而不明。根据相关材料推测，似应在公元一〇二八年党项族灭掉甘州回鹘以后至公元一〇三七年之间。

在曹氏归义军后期，还有一件特别值得一提的事就是敦煌藏经洞的封闭。自吐蕃占据陇右、河西直至曹议金征服甘州回鹘的一百多年间，除张议潮执政后期与张淮深执政早期很短的一段时间外，敦煌与中原的通道均不甚畅通。这使得敦煌的经典、纸张来源倍感艰难。在这样的困难条件下，敦煌地区的统治者和教团，不断派人赴内地搜寻补配敦煌所缺经典，对纸张的使用也十分珍惜。首先是加强对纸张的管理。如每个抄经人领走几张纸都需登记在案，抄完后要如数交还。其次，提高有限纸张的利用率。不少纸张都是正面用过后再用背面，敦煌遗书中保存了相当数量的两面抄写的写卷。即使两面都已用过的纸张，也不随意丢弃，仍保存下来用来修托其他残破经卷，以及将多层纸粘合起来做成经帙等等。曹议金征服甘州回鹘以后，敦煌与中原的通道再度畅通，上述情况开始发生变化。北宋以来，敦煌的佛典与其他文化典籍的来源渠道增多，除大量写本继续涌入外，四川的刻本佛典也传入了此地。北宋雕版印行的佛教大藏经《开宝藏》可能也已传入。与此同时，纸张的生产、流通情况也有了变化。晚唐、五代以来，敦煌地区一直自己造纸。到北宋时，随着敦煌对外经济交往的增多和自身经济的发展，纸张短缺的状况也大大缓解。大量崭新的写本印本经典的涌入为敦煌地区淘汰残旧经卷提供了可能性，而纸张供应的充裕又使利用其背面的必要性大大下降。于是在曹氏后期敦煌各寺院进行了一次大规模的藏书清点活动。结果清点出一大批复本过多的，因残旧不宜再用的和一些过去曾流行而当时已很少有人再读的经卷和其他文化典籍。他们把这批书籍和各寺以前剔除而零散存放的经卷，外典和积存多年的过时文书，废纸以及旧的幡画、多余的佛像等统统集中在一起。按照中国的文化传统，字纸不能随便丢弃，依佛教徒的常规，残破的经书、法器更不容亵渎。于是，敦煌教团便参照我国佛教徒在长期宗教生活中形成的传统处理办法，把这批经卷和文书分别用布包好，和那些旧幡画，多余的佛像一道整齐地堆放在大小适中的第17窟中封存了起来。第17窟本是16窟的一个耳室，其出口在第16窟的甬道北壁。这个耳室原是归义军时期的首任都僧统洪辩休息和坐禅的地方。洪辩死后，这里成了纪念这位高僧的影堂，或叫影窟。窟内原有洪辩的塑像和壁画。但塑像在放置经卷等物时被从洞中移出。敦煌教团在将第17窟的洞口封闭以后，又在封闭处抹了一层泥，还请画工把16窟全窟连同甬道南北壁重新画了一层壁画，从而巧妙地将封堵洞窟的痕迹掩藏了起来。随着岁月的流失，封闭第17窟的当事人与知情者逐渐离开人世，藏经洞的情况也就不再为世人所知。

关于第17窟封闭的具体年代，依据窟内所藏文书最晚的是在公元一〇〇二年这一线索推测，它的封闭应在公元一〇〇二年以后的数年间。

在归义军时期，重新回到中原怀抱的敦煌虽然奉行中原王朝的年号，但在历法方面却沿袭了自编历书的习惯，民间继续使用自编历书。当时，不独敦煌一地，剑南西川（今四川）也在自编历书。敦煌遗书中保存的历书中就有一件唐中和二年（公元八八二年）《剑南西川成都府樊赏家历日》，这是由成都流落到敦煌的私撰历日。相对于封建王朝颁行的历书来说，这些地方历书常常被称作"小历"。从现存敦煌历书来看，敦煌地区自编历书自吐蕃统治敦煌时起一起延续到宋初，前后达两个世纪之久。

从现存敦煌历书的题记来看，翟氏家族对编制历书做出了重要贡献，可以说是历学世家。其中，唐末五代时的翟奉达成绩最为显著，现存五代宋初时的敦煌历书，多数是他编撰的。与他同时的翟文进，也曾参与制订多种历书。

敦煌历日有自己的特点，主要是其朔日（即初一）与同一时期中原历不尽一致，常有一到二日的差别；闰月也很少一致，比中原历或早或晚一二月。此外，源自基督教的星期制度，在敦煌历书中也已出现。

从张议潮逐蕃到曹氏政权灭亡，归义军政权统治敦煌将近二百年。其间除金山国、敦煌国较短时期以外，大部分时间都自觉地维持着与中原王朝的统属关系，他们的行为影响和带动了西北地区的各少数民族政权经常和中原王朝保持着朝贡关系，从而为我国统一的多民族国家的发展做出了贡献。

# 八 少数民族时期的敦煌

长期以来，人们一直认为取代曹氏归义军政权统治敦煌的是由党项族建立的西夏。近年，经过学者们的深入探索，始知在西夏与曹氏政权之间还存在一个沙州回鹘政权。

## （一）沙州回鹘时期（公元一〇三七—一〇六八年）

从有关材料来看，在公元八四〇年以后，回鹘大举西迁过程中，曾有一部分流散到了沙州，成为张氏归义军治下的臣民，但还保存着他们的部落组织。由于这些回鹘在沙州势力较小，故长时间内未能引起人们的注意。大约在甘州回鹘建立政权以后，沙州地区的回鹘势力才在甘州回鹘的支持下得到了迅速发展。公元九七七年，宋廷曾派使者张璨携带诏书慰问甘州回鹘可汗景琼。《宋史》在记载此事时称景琼为甘、沙州回鹘可汗。这是沙州回鹘在史籍中第一次露面。这条材料既反映出沙州地区的回鹘与甘州有着密切的关系，也表明沙州回鹘已发展成为一支引起人们注意的势力。到公元一〇二〇年时，沙州回鹘的势力似乎已与曹氏政权势均力敌。故史籍在记述这一年中的史事时将沙州回鹘与敦煌郡王曹贤顺并列。但沙州回鹘取代曹氏政权似乎应在公元一〇二八年党项族消灭了甘州回鹘政权以后。

党项族是羌族的一支，汉朝以来，就在今青海、甘肃和四川三省边境的山谷间过着游牧生活。唐后期，党项族受到吐蕃的压迫，逐步迁移到今陕、甘、宁边境。北宋建立时，已据有夏（今陕西横山西）、银（今陕西米脂西北)、绥(今绥德)、宥(今靖边西)、静(今米脂西)等五州之地的党项族逐渐强盛,在他们的酋长李继迁率领下对宋朝时叛时降,并和辽朝结成犄角之势,共同对付宋朝。公元一〇〇二年,李继迁攻下北宋的灵州(今甘肃灵武),改称西平府,并于次年迁都于此。公元一〇〇四年,李继迁卒,子德明继位。德明于公元一〇〇六年与北宋议和,对辽朝也维持着臣属关系,而将进攻的目标转向了河西走廊。并于公元一〇二八年攻克了甘州,消灭了甘州回鹘政权。

甘州回鹘政权灭亡以后,其残部纷纷西奔,其中大部分逃到了沙州,使沙州回鹘的势力陡然大增,而此时的曹氏政权已是日薄西山,公元一〇三〇年,沙州两次派使者向北宋入贡。可惜的是史书只云"沙州遣使",使我们无法从中知晓曹氏政权的存亡。但因此前有关沙州入贡的记载都要提到曹氏归义军,此次却一反前例,表明曹氏政权即使此时尚存,其状况也必定很不妙了。公元一〇三七年,沙州再次遣使向北宋入贡,这次朝贡使团的首领被称为"大使"和"副使",这是曹氏政权从来没有使用过的称号。上述称号在公元一〇四一年及以后沙州入贡时又曾数度出现。而在同年控制沙州的已是由沙州镇国王子执掌的沙州回鹘政权,这说明至迟在公元一〇三七年曹氏政权已被沙州回鹘政权取代。

曹氏政权也有可能是为党项李元昊所灭。赵德明在公元一〇二八年攻克了甘州以后,在公元一〇三二年去世,其子元昊继位。李元昊在继位的同一年攻克了河西重镇凉州。随后又于公元一〇三六年攻克了肃、瓜、沙等州。并在瓜州设西平监军司管辖瓜沙二州。所以,如果曹氏政权在公元一〇三六年尚未被沙州回鹘取代,就有可能是在党项族的进攻下灭亡的。但史籍中并未留下曹氏政权抵御党项李元昊的记载,倒是沙州回鹘在抗战失利后率部退出敦煌。

公元一〇三八年,李元昊正式即皇帝位,建立了大夏国,史称西夏。西夏建立以后,在相当一段时间内把力量放在东边,不断与宋辽交战,沙州回鹘乘此时机又重新占领了沙州。公元一〇四一年,沙州镇国王子曾派使向北宋上书,云自从党项族占据了甘、凉二州后,才与中原王朝失去联系,并表示愿意率部下攻击西夏。当年,沙州回鹘开始率众进攻沙州,虽初战不利，但终于在公元一○四二年攻克了瓜沙二州，公元一○六八年，西夏再次出兵进攻瓜沙，同年，沙州回鹘政权灭亡。从此，西夏才把瓜沙二州真正控制在自己手中。

在沙州回鹘统治敦煌的二十多年间，敦煌在许多方面依然承袭着归义军时期的传统。由于西夏的阻隔，这里与中原联系已十分不便，但沙州回鹘始终不向西夏屈服，他们在敦煌地区仍然使用宋朝的年号，以示奉北宋为正统。如莫高窟第 444 窟题记中至今仍保存着"庆历六年（公元一○四六年）"的北宋年号。他们还克服困难和阻力保持和北宋的联系，仅公元一○三七年至一○五二年十六年间就向宋廷入贡十一次。

在沙州回鹘统治时期，回鹘虽为统治民族，但汉人仍占很大比重，再加回鹘人长期受汉族的影响，故其政治制度，佛教艺术都是汉族和回鹘文化交融的结晶。

从政治制度来看，在沙州回鹘政权中，可汗是最高统治者，其下则有王子（特勒）、将军、都督、刺史、柱国、达干、谋士、内侍、大使、啜、伊纳尔、伊难夺、伯克等称号。其中的将军、都督、刺史、柱国、谋士、内侍、大使等称号显然是受汉官影响而来。

沙州回鹘和甘州回鹘、西州回鹘、于阗回鹘一样，也信奉佛教。所以，敦煌的佛教在沙州回鹘统治时期仍在流行，但已明显带有少数民族特色，莫高窟也留下了沙州回鹘活动的痕迹。莫高窟现存沙州回鹘时期的洞窟共有十六个，另在榆林窟等地也保存了七个沙州回鹘时期的洞窟。

这一时期的洞窟多为改造或修缮前代洞窟，新建的极少，故在洞窟形制上就很难有其时代特点，但壁画和塑像都是新画塑而成。总的说来，沙州回鹘时期的石窟艺术既具有回鹘民族艺术风格和民族气质的鲜明特征，又与汉民族传统艺术有密切联系，是上述两种艺术结合的产物。

壁画题材内容及其布局基本沿袭唐宋而又有所变化发展。种类既不多，表现又从简，像唐宋时期那种规模宏伟、内容丰富、风格富丽的"净土变相"越来越少，甚至基本消失，简单省工的题材频繁绘制，像左右对称的药师琉璃光佛尊像和七佛药师像，绘制相当普遍，反映了回鹘人对药师经典的特殊信仰。此外，还出现了"儒童本生"单幅故事画，行脚僧像及十六罗汉像等新题材。如第 97 窟的十六罗汉像，南北壁各绘八身，共十六幅方形构图。这些罗汉的面相各不相同，或慈祥和善，或浓眉大眼，或高鼻深目；其形态则各异，或倚松石，或坐山水，曲尽其态。颇得五代时中原流行的十六罗汉像"狂逸"的写意风格。

壁画的构图则趋于疏朗，通常是在较大的壁面或画面上绘制相当简单的内容，人物稀少而形体增大，空白较多，表现手法也很不细腻。如经变画中很少出现前代习见的楼阁，音乐舞蹈等壮观场面，除非凭借佛的坐式，手印以及化生童子是否出现等微妙标志，很难识别是何经变。敷彩虽然热烈明快，但由于过于单调，显得大而空，不及高昌回鹘壁画那样精细饱满辉煌富丽。

但这一时期的装饰图案却在曹氏画院的基础上有所发展，具有浓郁鲜明的民族风格。如藻井盛行蟠龙纹样，窟顶流行朱地牡丹团花图案，花边装饰则相当普遍地使用过去小曾见过的唐草式卷云纹边饰，佛光中出现了过去从未见过的以后也不再出现的编织纹样。

供养人画像明显减少，但却经常出现回鹘汉族共为窟主的现象，透露出汉族在沙州回鹘时期仍占有相当重要的地位。

如果仔细观察，沙州回鹘时期的石窟艺术可以划分为两个时期，前一时期在壁画题材内容及布局构图，人物造型，艺术风格等方面较多保留着曹氏时期的遗风，后一时期则受高昌回鹘石窟艺术的影响较为明显。

# （二）西夏时期（公元一〇六八——一二二七年）

公元一〇六八年西夏再度攻占沙州以后，加强了对这一地区的控制。现存西夏文《瓜州审判案》，为西夏惠宗天赐礼盛国庆元年（公元一〇七〇年）至二年的瓜州民事审理案卷，它记录了瓜州民间侵夺伤害案件的反夏审理经过，说明此时西夏统治者已对瓜沙地区实施有效的管理。另自公元一〇七一年起，莫高窟不断出现汉文和西夏文的西夏纪年题记，题记中保存的纪年有一〇七一、一〇七二、一〇八五、一〇九九、一一一四、

一一一五、一一二八、一一四八、一一七二、一一九三、一一九七、一二〇二、一二一九年等，其中光定九年（公元一二一九年）的题记距西夏灭亡仅八年。这些纪年题记告诉我们自公元一〇六八年至西夏灭亡瓜沙地区一直在使用西夏年号，表明这一地区在此时期内始终被牢固地控制在西夏人手中。

在党项族再占敦煌之时，早已跨入封建社会。从西夏人编著的西夏文字典《文海》来看，西夏统治区的农业、畜牧业和手工业都与当时的内地相差无几，其统治机构也基本上模仿北宋王朝。故在西夏统治时期敦煌的政治制度、生产方式没有发生多大变化，只是将瓜沙二州的统治中心从沙州移到了瓜州，州以下仍然实行县、乡、里制度。西夏统治者十分重视农业生产，并把农业的发展与兴修水利紧密相连。据宋人记载，西夏境内农业生产与内地的汉族基本相同。在西夏时期的榆林窟第 3 窟中之千手观音佛画中绘有一幅"犁耕图"，反映了当时瓜沙地区的农耕状况。图中绘双牛驾横杆，犁辕置于杆上，耕者一手扶犁，一手把鞭。在同一壁画下部，还散见一些农具，有锹、钁（镐）、锄、犁耙等。这些农具的刃皆为铁制，形状则类似于近代农具。可见西夏时期瓜沙地区农耕技术和工具，与中原相差不多。

同窟中还有"锻铁图"，绘两铁匠持锤在铁砧上锻炼，一人推拉双木扇风箱，风箱之后有炉火焰。这种木制的"门扇式"竖式风箱，风箱的容量可以做得很大，因而鼓风量大；并且结构简单，坚固耐用，所用材料价廉易取。这种鼓风技术在当时比较先进，直到清朝末年，冶金业里仍使用这种风箱。这说明当时瓜沙地区的手工业也比较发达。此外，同窟中还有"踏碓图""酿酒图"，都为我们了解西夏时期社会经济的发展状况提供了形象材料。

但西夏时期敦煌地区一直不甚安定。首先是兵役和徭役十分繁重。终夏之世，对外战争几乎从未间断。依西夏兵制，被征服地区的汉人凡勇敢者均要去当兵，敦煌自不能例外。这就严重地破坏了敦煌地区的社会生产。其次，敦煌作为西夏的西大门和与西域联系的关口，还担负着沉重的边防任务。如公元一〇九三年，于阗曾向北宋上书，请求征讨西夏，西夏统治者忙令沙、瓜二州整兵以待。公元一〇九七年，于阗黑汗王率大军进攻瓜、沙、肃三州，企图打通为西夏阻断的中西通道。此后，敦煌地区又曾遭到辽的残部在中亚建立的西辽的侵扰。到十三世纪初，敦煌又不断受到蒙古骑兵的侵袭。公元一二〇五年，蒙古大军侵扰瓜沙二州，西夏统治者不敢发兵抵御。公元一二二四年，蒙古骑兵又围困沙州达半年之久，城中军民困乏，牛、羊、马、骆驼都被食尽。公元一二二七年，蒙古帝国终于攻占了敦煌，西夏也在同一年灭亡。此外，在西夏时期，敦煌还经历了几次比较严重的自然灾害。如公元一一一〇年和公元一二二六年曾发生造成"赤地千里"的大旱，公元一一七六年曾发生严重的蝗灾。使百姓大量流亡。长时期的动乱和严重的自然灾害使敦煌地区的经济进一步衰落。

西夏统治者虽信奉巫术和多神教，但也笃信佛教。他们曾多次向北宋进马赎取《大藏经》，并组织人力大量译经，广延吐蕃回鹘僧侣演释经文，在境内不断兴建和重修寺院和佛教洞窟。在惠宗与崇宗及两母后时代，西夏的佛教达于极盛，以致"浮图梵刹遍满天下"。在西夏的统治机构中，专门设有"僧众功德司""出家功德司""护法功德司"等专门管理佛教事务的机构。

在这样的历史条件下，作为佛教圣地的敦煌自然会受到人们特别重视。敦煌的莫高窟以及榆林窟，西千佛洞都曾招致了无数善男信女远来顶礼膜拜。如莫高窟第 285 窟北壁西起第一个禅洞内有墨书西夏文十行，记录公元一一一五年有一行八人前来烧香行愿。此外，在这些地方修建寺庙、重修石窟的活动也仍然盛行。如莫高窟第 57 窟发愿文记述"修盖寺庙者息玉那征宝"，第 340 窟发愿文记述"修盖寺舍者嵬名智海。"榆林窟第 29 窟的供养人像题记则详细记载了出资高僧、官员及眷属的封号、官职、身份等。而莫高窟第 65 窟，榆林窟第 25 窟等窟的发愿文中还记述了西夏时期佛教徒所从事的清除石窟、寺庙积沙的活动。这一时期佛教徒们从事上述佛教活动的目的与前代一样，都是为了祈福求寿，消灾祛病。

经过西夏统治者和善男信女的不懈努力，西夏时期，在莫高窟新建与重修了五十多个洞窟，并营建或重修了一些洞窟前的木构殿堂；在榆林窟兴建与重修了九个洞窟。在现存西夏时期的佛教石窟中，以莫高窟和榆林窟保存的数量最多、规模最大、保存最系统完整，可以说是我国最大的西夏艺术陈列馆。

西夏时期的敦煌石窟艺术在早期和中期基本上是沿袭前代。和沙州回鹘时期一样，在西夏早期和中期基本上未新开窟，多为利用北朝至宋的各代洞窟重修、装饰。不仅洞窟形制，就连窟内的壁画题材、布局甚至画面构图，人物造型与衣冠服饰，以及线描、敷色等表现手法都是仿照北宋和沙州回鹘时期。但却仅仅保留了唐宋佛画的外貌，内容和形式都已经没有唐、宋佛画艺术的丰富多彩、宏伟富丽，而是沿着沙州回鹘时期的趋向发展，显得单调、贫乏、空洞。所以，在西夏统治敦煌的早期和中期，虽然耗费了巨大的财力、物力和人力来整修洞窟，这包括在一些大型洞窟中大面积地用贵重的石绿色涂地，到处浮塑贴金或沥粉堆金，在地面铺设花砖等等，但在艺术上取得的成就并不大。洞窟虽多，但题材贫乏，技法简单粗糙，内容布局、壁画构图和人物造型千篇一律。色彩单调，颜料质量差，许多洞窟只剩下涂地的石绿未变色，石绿底色上十分醒目地排列着许多躯体变黑的佛像，使人倍感清冷。总的来看是数量多而质量差。这说明敦煌地区的新主人虽有很高的宗教热情，但要消化和吸收高度发达的敦煌佛教艺术，显然需要一个较长的学习模仿过程。

通过一个多世纪的探索，到西夏统治敦煌晚期，在莫高窟和榆林窟终于形成了具有西夏民族风格的石窟艺术。这时的一个最明显的特点是壁画中的人物形象，特别是世俗人物的形象显然已不是汉民族的样式，而是西夏人的形象和装束。如榆林窟第29窟中的人物身体修长，秃发，长圆形面孔，两腮外鼓，深目，高鼻，耳垂重环，脚穿钩鞋。文武职官和庶民百姓的衣冠服饰都与史书记载相吻合。

西夏晚期的壁画艺术，大体有两种风格。一种是敷色厚重，色彩与线描并重，具有浓厚的神秘气氛。如榆林窟第2、3等窟，这显然受到了西藏密宗艺术的影响。这种风格的出现，当与西夏后期从西藏邀请高级僧侣来西夏传授密教经义和仪轨有关。西藏密教在西夏统治区的流行，对西夏晚期新开窟的形制也产生了影响。

另一种是以线描为主，色彩为辅的中原汉民族绘画传统发展下来的画风。如榆林窟第3窟南北壁中央"西方净土变"中大规模的建筑画。除了建筑结构本身形象的精确和透视关系的妥帖之外，精致流畅的线描功力，也是值得称道的。画家继承中国绘画的传统，充分发挥了线描艺术在建筑画上的表现力，取得了相当的成功。从而为以后元代线描艺术的进一步发展奠定了基础。

晚期壁画中的山水画，也取得了相当的成就，这也是学习继承宋以前中原山水画传统的结果。其代表作为榆林窟第 2 窟"水月观音图"和第 3 窟"文殊变""普贤变"中的山水画。水月观音是西夏时新出现的题材，最早见于莫高窟第 164 窟，但到西夏晚期才真正流行起来，而且规模、内容、表现技巧都大有进步，意境深远。这时的山水画有的是青绿山水，有的却是水墨山水。其山峰峦叠嶂，云烟环绕，缥缥缈缈。山中林木葱郁，楼阁掩映，气势雄浑。画家继承了中国山水画的优秀传统，充分运用勾描、皴擦、点染等技法。从这里可以看到中原高度发展起来的青绿山水和水墨山水对西夏绘画的深刻影响。

特别值得一提的是在榆林窟第 2 窟、第 29 窟所画的"水月观音图"与第 3 窟所绘的"普贤变"中，都绘有唐僧取经图。第 29 窟中的玄奘合掌作望空礼拜状，已有猴相的孙悟空牵着满载佛经的白马。这是有关这种题材现存最早的图像。对于研究以玄奘取经故事为题材的取经图的形成及演变，是难得的形象资料。

在西夏中晚期的装饰图案中，新出现一种"波状卷云纹边饰"，这种边饰是从沙州回鹘后期的莫高窟第 330 窟覆斗顶四斜披的装饰图案发展变化而来。这种边饰的单位纹样看上去有时很像早期洞窟图案中常见的忍冬，但它仍然是一种卷云纹，这种纹饰具有浓厚的民族特点和时代特征，在西夏的其他文物中也常能见到这种纹饰，并为以后的元代所沿袭。

总之，西夏晚期的敦煌石窟艺术，不仅已形成自己的民族风格，还在许多方面对以后元代的石窟艺术产生影响。但是，由于西夏时期瓜沙二州的政治中心和文化重心已移到瓜州，故西夏晚期，具有浓厚的西夏民族风格，艺术性较高的一批代表性作品，集中出现在榆林窟。

## （三）蒙古帝国和元代时期(公元一二二七——一四〇四年)

敦煌归入蒙古帝国版图以后，成为八都大王的封地。忽必烈建立元朝以后，于公元一二七七年把敦煌收归中央政府直接管辖，并在此重新设置沙州。

在蒙古帝国和元朝统治时期，敦煌在中西交通中仍占有重要地位。西夏时期，不准西域各国通过敦煌与河西向宋朝贡，对过境商人也课以重税。当时西域各国的朝贡使者和商人不得不避开西夏，从塔里木盆地的南沿经青海进入中原。而从事东西通商最活跃的回鹘人则较多使用从中亚到蒙古的北方草原之路。但这两条路线均不如河西通道方便易行。西夏时，于阗进攻瓜沙和成吉思汗在西征前几次进攻西夏，都有打通河西通道的意图。蒙古帝国灭掉西夏以后，经由敦煌、河西的交通路线再度成为联结西域与中原的主要通路。蒙古帝国和以后的元朝的版图比汉、唐都大，和西域在政治、经济、文化方面的联系也比以往更加密切。为了保证过往使节的需要，蒙古帝国的统治者窝阔台在河西走廊的沙州、瓜州、肃州等地设立了驿站。以后的历代蒙古统治者也都十分注意对河西走廊的控制和管理，十分重视河西驿站的建设。敦煌作为河西通道的一个重要补给站，蒙古统治者自然要给它以一定程度的重视，使其经济维持在一定水平。因此，元统治者曾采取一些必要的措施来恢复和发展敦煌地区的经济。元世祖时，开垦出了一些已荒废的水田以招抚流民，并于公元一二七六年命一批有罪之人到沙、瓜地区屯田。公元一二八〇年，沙州被升格为路，统瓜、沙二州。瓜沙二州的政治中心再度移到敦煌。同年，元世祖又派遣汉军到沙州屯田。此后，军屯虽曾在公元一二九五年和一三〇九年以前被两度废止，但都是不久又被恢复。这些恢复经济的措施，特别是军屯对于维持敦煌这个交通供给站起到了重要作用。在公元一二八九年时，军屯的收获不仅能够供给军粮，还有余力救济饥民。公元一三〇三年以后，每年军屯收获的粮食达二万五千石。对于沙州地区的防卫，元统治者也尚能注意。公元一二八七年，元政府命屯田士兵和沙州百姓共同修筑了沙州和瓜州等处的城池。公元一二八九年，再次命屯军与当地百姓整修已损坏的

瓜、沙二州州城。并于公元一三〇一年增加了在沙州的戍军。公元一三〇
三年，又增派蒙古军一万人加强沙、瓜二州的防卫。

但此时敦煌的地位已远不能与汉、唐时期相比。首先，汉唐时，敦煌
是中西交通的必经之地，而此时河西虽为重要通道，但中亚至蒙古的草原
之路仍频繁使用，这就使敦煌失去了中西交通咽喉的地位。其次，蒙古帝
国定都和林（在今蒙古人民共和国额尔德尼罕达赖附近），元朝以大都（今
北京）为都，与唐宋时期相比，都城距敦煌、河西要远，因而这一地区在
全国的战略地位也就必然下降。再加上蒙古帝国和元朝疆域广大，虽然河
西仍可算西北重镇，但敦煌已失去经营西域的基地的作用。这就决定了他
们对敦煌的重视程度必定是有限的。它只能成为河西通道上的一个补给
站，却不能像汉唐那样成为对整个西北地区甚至国都的安危都有重大影响
的边防军事重镇。这首先表现为在很长时间内沙州并不是专镇边防重地的
蒙古军的驻防地，蒙古大军驻扎在敦煌以东一千多里的甘州，敦煌被弃置
在防线之外，只有部分汉军且屯且戍。直到公元一三〇三年，元统治者才
在御史台的建议下派一万蒙古军分守沙、瓜等地的险要地方，而此时距敦
煌纳入蒙古帝国版图已有七十多年了。由此可以看出，在蒙古帝国和元统
治者眼中，整个河西尚可算边镇重地，但敦煌却已失去了这种资格。元统
治者不重视敦煌的另一表现是从河西西部往肃州移民，公元一二九一年，
元统治者首次将瓜州的居民移往肃州。此次移民颇为彻底，瓜州只剩下一
个空名。第二年，再一次从沙州、瓜州往甘州移民。因瓜州百姓已在上一
年被大规模移走，这次移民的重点应当是沙州。从被迁移走的百姓到达地
点后由国家供给土地、牛具、农器来看，这两次移民都是强制性的。就连
在敦煌行之有效的军屯也曾在公元一二九五年和公元一三〇九年以前被两
度废止，只是由于在百姓大量东迁的条件下不实行军屯，戍军和过往使
节、行商的供给就无法解决，军屯才不得不屡止屡兴。沙州在公元一二八
〇年升格为沙州路总管府，也不是因为其地位重要，而是因为缺粮，内附
贫民乞粮时须向肃州路领取，往返不便。以上种种事实说明，在版图广
大，强盛一时的蒙古帝国和元统治者眼中，敦煌的地位已大不如前了。所
以敦煌在蒙古帝国和元朝统治时期虽然没有遭受战乱，但由于居民被大量

内迁和军屯忽兴忽止，造成经济发展始终起伏不定，敦煌在经济上进一步衰落下去。

蒙古帝国和元统治者采取儒释道并重的政策，主张"以佛活心，以道治身，以儒治世"，即所谓"三教平心"。另对伊斯兰教、基督教、犹太教也都加以提倡。故敦煌在这一时期佛教仍然流行。在当时流传的佛教各教派中，又以藏传密宗最受元统治者推崇。藏传密教的传入和兴盛与河西走廊有很大关系。公元一二四四年，驻在凉州的蒙古廓丹大王又迎请西藏萨迦派的法师萨迦班积达(后简称萨班)到河西传法，他的侄子八思巴随行。后来忽必烈慕萨班之名，邀他入朝，但此时萨班已故，廓丹大王只得将八思巴荐于朝廷。忽必烈奉八思巴为国师，赐玉印，命他掌管全国的佛教，遂使萨迦派密宗迅速流行全国。藏密在敦煌既已早有基础，在蒙古帝国和元统治者的提倡下终于发展成为敦煌寺院的主要教派。

蒙古帝国和元朝统治者十分注意利用佛教作为维护他们在敦煌统治的工具。现存巴黎的一件西夏文残刻本佛经的题记中记载元僧录广福大师管主大八施曾向沙州文殊舍利塔寺舍一部《大藏经》，表明中央政府对敦煌的佛教事务十分关心。莫高窟现存的汉、藏、梵、西夏、回鹘、八思巴六种文字的《六字真言碑》乃是镇守沙州的西宁王速来蛮及其妃子、太子、公主、驸马等出资于公元一三四八年刻立的。公元一三五一年，继速来蛮镇守沙州的牙罕沙则对莫高窟的皇庆寺进行了重修。在蒙古统治者的倡导和带领下，佛教在这一时期仍然受到敦煌各族人民的信奉，莫高窟也在继续发展。大旅行家马可·波罗在游历中国时曾途经敦煌，在他的游记中记载敦煌境内的寺庙很多，庙内供奉着各种各样的佛像。

莫高窟现存的元代洞窟约有十个，多为新建，榆林窟也保存下六个元代洞窟。由于密教萨迦派在这一时期最为流行，所以敦煌的元代洞窟中最引人注目的是西藏式密教艺术。

元代新开洞窟的形制有三种，一是方形覆斗顶窟；二是主室长方形，后部有中心柱的窟；三是主室方形，而在中央设有圆形佛坛。其中，第三种是沿袭西夏榆林窟第29窟的形制，是藏密洞窟的典型形式，中心圆坛上安置塑像，四壁则满绘密宗图像。

第 465 窟是元代表现藏密题材的代表窟。此窟主室为正方形，覆斗顶，设中心圆坛，但坛上的塑像已无存。窟顶画以大日如来为中心的五方佛，四壁则全部画的是各种金刚。其中，有表现男女相抱修炼的双身合抱像，即"欢喜金刚"；还有表现以恶制恶的各种愤怒像，即"愤怒金刚"。"愤怒金刚"画得眉长眼大，张口露牙，形象狰狞。但画中对人物形体的描绘准确、生动、线描细腻，晕染富有立体感，表现出了萨迦派艺术的独特风格。敦煌藏密艺术在用色上具有浓重鲜明的特点。人面多作绿色、青色或红绿阴阳面，且善于变色。

但从汉地传来的密宗教派在元代的敦煌也没有绝迹，汉密系统的壁画在这一时期也仍然占有十分重要的地位，且不乏佳作。如第 3 窟主室的千手千眼观音，就是元代汉密系统壁画的代表作。画中的人物较少，观音作十一面，叠头如塔，千臂千手，分布如蔓，每手掌中有一慈眼，画的上部有飞天等。这幅画布局严谨，造型真实，衣冠如道教神像，色彩清淡典雅，具有明显的中原风格。最令人叹为观止的是画家总结了前代的线描技巧，使用了多种线描来塑造不同的质感。用圆润秀劲的铁线描表现人物的面部和肢体，用折芦描表现厚重的衣纹褶襞，描绘力士隆起的肌肉，用顿挫分明的丁头鼠尾描，画蓬松的须发则用轻利飘逸的游丝描，从而使肉体、须发、璎珞、锦、绢、绵、麻等各种不同质的东西，都得到恰当的表现。不仅使形象更加丰富真实，且通体和谐统一，细部笔笔有力。特别是那飘扬翻飞的衣带，画得抑扬顿挫，神彩具足。这是莫高窟晚期少有的佳作。它出自一个名叫史小玉的甘州画师之手。

就敦煌石窟艺术的发展来看，数量虽少却不乏佳品的元代洞窟是它的最后一幕。此后，敦煌和莫高窟进入了更加惨淡的时期。

# （四）明朝时期

公元一三六八年，朱元璋建立了明朝，并在同年攻克了元的都城大都，元朝灭亡。在中原局势初步稳定之后，公元一三七二年，明朝就派大将冯胜经略河西，很快攻下了元朝设在甘州的甘肃行省，并继续西进，在瓜州、沙州一带将元军击败。但明军很快就收兵东还了，元朝的残余重新占据了敦煌一带。

为了防止元朝的残余势力继续东进，冯胜在肃州以西七十里处的文殊山与黑山之间的峪谷地带修筑了嘉峪关，并派兵据守。以后，嘉峪关被逐步建筑成为明王朝的西部边关，而将关以西包括敦煌在内的广大地区弃置在防线之外。任由少数民族占据。因为有嘉峪关为屏障，敦煌进一步失去了屏蔽河西的地位，它的得失对河西也没有多大影响了。此外，在明代，自宋元以来日渐发达的海外贸易又有了长足的进步。经由河西走廊的陆路通道虽仍为联结西域与中原的主要交通干线，但此时，这条交通干线已不再经过敦煌，而是改走嘉峪关直通哈密之路，这又使在这条干线之南的敦煌失去了陆路中西交通中转站的地位。在这种情况下，敦煌的进一步衰落就是不可避免的了。

公元一三九一年，明朝派都督金事刘真等进兵哈密，使西域与内地恢复了关系。同年，占据沙州的以蒙古王子阿鲁哥失里为首的元朝残余势力，派使节向明王朝进献马和璞玉等贡品，表示愿意归顺。公元一四〇四年，沙州的蒙古族酋长困即来、买住再次"率众来归"，明成祖才下令在沙州设立沙州卫，并任命困即来和买住为指挥使。买住死后，沙州卫由困即来独掌。在设立沙州卫的同年，明王朝还在瓜州设立赤斤蒙古卫。在此之前，已在瓜、沙之间设立了罕东卫。明统治者在嘉峪关外设立上述几个卫的目的是为使它们之间互相牵制，其次是把它们当作关外的外围防线，以减轻嘉峪关的压力。

困即来一直和明王朝保持着良好的关系。他不仅按时向朝廷进贡物品，还经常保护路经敦煌的关外少数民族政权的朝贡使者。此外，困即来还不时派人侦探关外其他少数民族政权的情况，向明王朝报告。但由于罕东卫等少数民族和哈密经常侵犯沙州，瓦剌也欲相逼，困即来担心力不能敌，于是率领一部分部众逃至嘉峪关下，被明王朝安置在关外苦峪城（在今甘肃安西县东南）。公元一四四四年，困即来卒，其子喃哥被明朝封为都督金事。喃哥之弟克俄罗领占为都指挥使。公元一四四六年，明甘肃镇将任礼等乘喃哥兄弟不和之机，率军至沙州，将沙州卫属下二百余户，一千二百三十余人全部强行迁入关内，安置在甘州境内。沙州卫自设立至废除仅四十余年。

沙州卫全部被迁入关内后，早已居留于沙州境内的罕东卫指挥使蒙古部的班麻思结占据了整个沙州。到明宪宗时，班麻思结卒，其孙只克承袭了职位。此时，吐鲁番已强盛起来，侵占了哈密，直接与只克的辖地接壤。明王朝于公元一四七九年在沙州故城设置了罕东左卫，并任命只克为都指挥使。此后，只克率领部众不断抗击吐鲁番和蒙古族瓦剌部的进攻，并拒绝了吐鲁番的劝降。只克死后，其子乞台继任。公元一五一六年，吐鲁番发动大规模进攻，乞台力不能拒，率领一部分部众逃入嘉峪关。未及逃离的部众在帖木哥、土巴二人率领下投降了吐鲁番。公元一五二八年，帖木哥和土巴因不堪吐鲁番的沉重税收而率部族五千四百人逃离沙州，再度归附明朝。从此以后，沙州遂为吐鲁番所占据。公元一五二九年，明朝不得不放弃哈密。嘉峪关之外与明朝失去了政治联系。

总之，在明朝，敦煌长期得不到安定，又始终是少数民族活动的区域。自明初至公元一五二八年约一百余年间，这里居住的主要是以游牧为主的蒙古族，这就使敦煌地区早在汉代就已形成的以农耕为主、畜牧为辅的生产方式，又退回汉以前的水平。由于在沙州卫和罕东左卫治下的军民终日忙于抵御来自各方面的侵扰，又地处交通不便的边荒，所以在这一百多年中，敦煌在文化上没有任何建树。但蒙古族是信奉佛教的民族，他们即使无力整修莫高窟，至少还不至于人为的进行破坏。吐鲁番占据敦煌以后，情况就发生了变化。在公元一五二八年时，包括吐鲁番在内的整个新疆地区都早已皈依了伊斯兰教，所以在敦煌流行了一千多年的佛教，在吐鲁番占据以后，终于绝迹。被佛教徒视作圣地的莫高窟，也不断遭到人为破坏。昔日繁盛一时的莫高窟，此时已是满目凄凉了。

# 九 清以后的敦煌

## （一）清代

公元一六四四年，清王朝建立。公元一六四六年，控制着敦煌地区的吐鲁番国派使者向清朝贡，但清统治者当时正忙于稳定内地，暂时还顾不上嘉峪关外的敦煌。直到康熙帝发兵西征平定新疆以后，才于公元一七一八年在今甘肃安西、玉门一带为投附的少数民族设立了靖逆、赤斤二卫。公元一七二三年，始在敦煌设立沙州所。公元一七二五年，清政府采纳了川陕总督岳钟琪的建议，升沙州所为卫，并从甘肃迁移二千四百余户百姓到这里屯田。因原来的沙州卫城东墙已被河水冲坏，清王朝派光禄少卿组织人力在故城之东另筑了周围三里有余，有东、西、南三门的新沙州卫城，这就是直到解放前的敦煌县城。公元一七六〇年，清王朝改沙州卫为敦煌县，隶属于安肃道。此后，直到清亡，敦煌地区的行政建制，未再发生变化。

自清王朝采取移民屯田的措施以后，敦煌的经济开始复苏，农耕又成为当地的主要生产形式，水利设施也得到恢复和发展。由于移民中有不少人信奉佛教，被佛教徒视为圣地的莫高窟，香火又繁盛起来。但此时的莫高窟已经破落不堪，于是虔诚的人们在嘉庆和道光年间，对莫高窟陆续进行了大规模的整修。这次整修除新开了第 11 窟和第 228 窟外，还重修了前代的二百多个洞窟。但由于此时内地的佛教和佛教艺术已经衰落，与敦煌接邻的新疆地区的居民又多信奉了伊斯兰教，这就使清代敦煌的佛教和佛教艺术成了无源之水。再加上清代的敦煌和明代一样，既非边防要塞，又远在甘肃通新疆的交通要道之南，不过是一个处在边远偏僻之地的小县城，其经济，尤其是文化远远落后于同时期的内地。所以，清代新开的洞窟与前代相比，毫无艺术价值可言；其重修的洞窟，则因内容混杂和技艺低劣而破坏了旧有的艺术效果。

同治年间（公元一八六二至一八七五年），陕西、甘肃、新疆等地先后爆发了回民起义，起义军不断与清军交战，敦煌一带也曾成为战场。经过这场战乱，敦煌的人口又减少了很多。在战乱中，由白彦虎率领的回民起义军在被清军追赶逃至敦煌时，尽毁莫高窟联结上下层窟的走廊，莫高窟再一次遭到人为的破坏。

## （二）藏经洞的发现

敦煌藏经洞自十一世纪被封闭以后，至十九世纪末王道士来到莫高窟，已经默默地沉睡了近九百年。王道士原在肃州巡防军中当兵。退役后出家当了道士，到处化缘度日。游历到敦煌以后，就在莫高窟的一所洞窟内定居了下来。当时的莫高窟正值兵乱后不久，更显得荒凉。由于人为的破坏和长期的无人修理，不仅崖面上的木结构行廊多已不存，且一些洞口已经崩塌，底层洞窟则已积起厚厚的黄沙。这里只有一些粗通汉语的红教喇嘛居住，诵读少数民族文字的佛经，也为当地群众做一些法事。但莫高窟在当地人心目中仍是个神圣的地方，不仅经常有人来这里焚香礼佛，祈福消灾，而且每年农历四月八日都要在这里举行规模盛大的香会。

敦煌地区的道教本来早有渊源，到清代时也仍有相当的势力，在清代重修的洞窟中，有不少窟被增添了道教的内容，有的唐窟还被改成了娘娘庙。且当时民间对佛道不甚区分，常常一同信奉。故王道士定居在佛教洞窟中，不仅没有引起当地群众反对，还因他说的是汉话，诵读的是汉文道经，很快就得到了当地百姓的信任，求他做道场、礼忏、祈福的人逐渐增多，香火日盛。王道士的文化水平并不高，道教知识也有限，但信仰却颇虔诚。虽然信徒们施舍的钱财并不算少，他却仍然过着节俭的生活，而把钱财节省下来准备按照自己对道教的理解来重修和改造莫高窟。他所做的第一步工作就是雇人清除洞中的积沙。

一九〇〇年五月二十六日，清沙工作进行到了第 16 窟。这个窟的甬道两壁的壁画都已被流沙淤塞，在清除掉这些淤沙后，甬道北壁第 17 窟封闭处因失去了多年以来的支撑力量发生位移，裂开了一道缝。但没有引起人们的注意。在休息的时候，王道士雇的一个杨某又恰好坐在甬道北壁的裂缝处，想吸一袋旱烟解乏。他用当地产的一种芨芨草将烟点燃以后，就顺手将剩余的一大截芨芨草插入身后的墙缝。往里一插才发现这个裂缝深不可及，长长的一根芨芨草竟没有插到底。杨某感到十分奇怪，忙用手敲洞壁，听声音，里边好像是空的。杨某把这个发现告诉了王道士。当夜，王道士和杨某沿着裂缝，去掉了第 17 窟封闭处的封泥，打开了洞口，引起世界轰动的敦煌藏经洞就这样被发现了。

王道士并不知道藏经洞内的遗书和其他文物的真正价值，但也意识到这是一堆非同寻常的宝物。他想借这个发现来引起敦煌官府和地方名流对莫高窟的重视，以便从他们那里得到更多的钱财，实施自己重修和改造莫高窟的计划。于是，王道士请敦煌城中的官绅来参观自己的发现。可惜的是这些人中竟无人认识这一批宝物的价值，却都说这些经卷流传在外，是造孽有罪的，嘱咐王道士仍把它放回窟内。

王道士并未因敦煌官绅的态度而放弃努力，他仍不时地从藏经洞中挑选一些精美的绢画和书法比较漂亮的写经，作为稀物送人，以期引起人们的重视。于是，敦煌发现藏经洞的消息和藏经洞中一些文物逐渐在西北地区流传开来。一九〇二年，金石学家叶昌炽出任甘肃学台，为官之余，致力于收集陇右、河西的碑铭拓片，并托当时的敦煌县长汪宗瀚代为在敦煌地区搜求。第二年，汪宗瀚派人送上敦煌保存的几种唐碑拓片，其中包括藏经洞中发现的公元八五一年刻的《洪辩告身牒碑》拓片，还有一些绢画和写本经卷。叶见后，断定这是一批有极高学术价值的古物，遂建议甘肃省的藩台衙门把藏经洞中的全部藏品运到省城兰州保存。但估计运费要花五六千两银子。当时已是八国联军入侵北京，丧权辱国的《辛丑条约》签订以后，清政府已完全成为洋人的走狗，他们将巨额的战争赔款分摊给各省筹措。甘肃省政府聚敛战争赔款尚且不暇，哪还顾得上再耗费银两去拯救与他们升迁毫无关系的藏经洞宝藏。所以，他们以无由筹措运费为由，拒绝了叶昌炽的建议，只是命敦煌县长汪宗瀚在一九〇四年对经卷和画像做一次调查。然后又责成王道士将藏经洞再次封存起来。

就在腐败、昏庸的清政府对价值连城的敦煌宝藏不屑一顾的时候，正积极在我国西北地区掠夺文物的帝国主义文化强盗却已向敦煌走来。于是，在敦煌莫高窟演出了近代文化史上一幕幕令人伤心的悲剧。

## （三）帝国主义文化强盗对敦煌宝藏的劫掠和破坏

西方帝国主义国家对我国西北地区文物的劫掠和破坏是他们在政治上、军事上侵略、瓜分中国的副产品。早在十九世纪七十年代，英俄等国就已分别派遣"探险队"进入新疆、甘肃、蒙古、西藏等地秘密刺探政治、军事和经济方面的情况，并测绘地图，探查道路，为他们以后控制或占领这些地区做准备。这些政治间谍在我国西北地区活动的过程中，也顺便收集了不少古代文物，其中一些价值颇高的古文书引起了欧洲学术界的注意，刺激了欧洲各国到中国西北地区劫掠古文物的欲望。此后，一批又一批以搜寻古文物为目的的外国"探险队"便不断来到我国西北地区。起初，这些"探险队"主要在新疆地区活动，一九〇七年以后，他们的魔爪从新疆伸到了甘肃，敦煌莫高窟很快就成为他们劫掠的主要目标。

在西方各国派来的"探险"者中，第一个发现莫高窟的是匈牙利地质学家拉乔斯·洛克济。他早在一八七九年就曾作为赛陈尼伯爵"探险队"的成员潜入甘肃作地质学探险的间谍活动。在这次"探险"中他到了敦煌，并游览了莫高窟。而第一个来莫高窟盗宝的则是英籍匈牙利人斯坦因。一九〇〇至一九〇一年，斯坦因在英印政府（当时印度是英国的殖民地）支持下进行了在我国西北地区的首次探险活动。主要是发掘塔克拉玛干沙漠南沿的绿洲遗址，掠走了整整十二箱古代珍贵文物，其中有各种绘画、织物和用汉文、梵文、藏文等文字书写的经卷和文书。一九〇二年，斯坦因参加了在德国汉堡举行的"国际东方学者会议"。听到洛克济介绍了甘肃敦煌莫高窟保存着的精美壁画和雕塑。斯坦因决定下一次"探险"一定要到莫高窟去看一看。

一九〇六年四月，斯坦因开始了他的第二次中亚"探险"。此次他仍是沿着丝绸之路的南路东行，沿途发掘遗址。一九〇七年三月中旬到达敦煌。在敦煌停留期间，他偶然从一位定居在敦煌的乌鲁木齐商人那里得知了莫高窟藏经洞的情况。当即动身前往莫高窟。

此时藏经洞已装上了门锁，钥匙由主持道士王圆箓亲自掌管。斯坦因到达莫高窟时，正赶上王道士出外化缘。斯坦因从一个住在莫高窟的藏族小喇嘛那里证实了商人所说的藏经洞情况不虚。小喇嘛还将一轴书法写得很美的长卷借给他看。在等待王道士归来期间，他又从莫高窟折回敦煌，考察和盗掘了敦煌西北的长城峰燧遗址，并发现了他自以为是玉门关的小方盘城。

五月二十一日，斯坦因再次来到莫高窟，此时王道士也已归来。斯坦因首先向王道士表示愿意提供一笔捐款来帮助王道士修理洞观。但当斯坦因的汉语翻译蒋孝琬师爷提到他的主人对购买藏经洞写本很感兴趣时，王道士立刻警惕起来。因为将经卷出卖给洋人既要冒违犯藩台衙门封存藏经洞命令的风险，又有悖于王道士宗教感情，且此事传出，也有可能引起当地百姓的愤怒。所以，王道士拒绝了斯坦因的请求。斯坦因并未就此罢休，于是变换手法，对王道士重修莫高窟的"功德"大加赞赏，博得了王道士的好感。既而斯坦因又发现王道士虽然对佛教事物盲无所知，但对唐僧（玄奘）却十分崇拜。于是斯坦因赶忙把自己也装扮成玄奘的崇拜者。他用自己有限的汉语告诉王道士他是如何沿着玄奘的足迹，从印度跋涉万里，翻越高山，穿过沙漠而来到敦煌的。他还说他在这次朝圣过程中巡礼了多处经过艰难险阻才能到达的玄奘曾朝圣过的寺院。斯坦因编造的故事使愚昧无知而又以卫道者自居的王道士深受感动，他终于答应在夜间从藏经洞中拿出几卷中文写本给蒋师爷和斯坦因研究。谁也没有料到这些卷子的题记表明，这几卷佛经竟正是由玄奘从印度带回并亲自从梵文译为汉文的。这个偶然的巧合给斯坦因带来了希望，他对道士说他之所以在这一天看到玄奘带回并翻译的佛经，完全是出于圣人玄奘的安排，目的是让他把这些在印度已不复存在的佛经带回原来的地方，而迷信的王道士也认为上述巧合是唐僧"显圣"的结果。对于虔诚的王道士来说，圣人的启示比金钱的作用还大，于是在当天清晨，王道士带领斯坦因走进了藏经洞。由于洞中堆满了经卷，余地很小，且十分黑暗，斯坦因和蒋师爷无法在洞中翻检。于是王道士从洞中取出几捆卷子，让他们到新建的佛堂的一间房子里翻阅。为了怕别人发现，还将房子的门窗用帘幕遮掩起来。此后，王道士从藏经洞中把一捆又一捆经卷和绘画抱进这间密室。斯坦因则在蒋师爷的帮助下从中挑选出他们认为价值最高的绢、纸画和经卷，声称留待"仔细研究"。为了打消王道士的疑虑，斯坦因一面表示将捐一笔功德钱给王道士，一面又让蒋师爷向王道士保证，在斯坦因离开中国之前，除他们三人之外，不向任何人透露这些卷子、绘画的来源。经过蒋师爷的一再劝说，当夜王道士就允许蒋师爷把一大捆他们白天选出的卷子抱到了斯坦因的帐篷里。此后，蒋师爷每天夜里都从密室往斯坦因的帐篷里搬运，一共搬了七夜。当王道士对自己的行为再度表现出犹豫时，斯坦因又哄骗说，他把这些幽闭在此地因地方上不重视早晚会散失的佛教文献以及美术遗物救了出来，以供西洋学者研究，是很虔诚的举动。这些鬼话最终又为王道士所认可。于是他们立约，用庙宇修缮费的形式，捐一笔钱给王道士作为酬劳。六月中，斯坦因满载着敦煌宝藏离开莫高窟，前往安西"探险"，王道士则得到斯坦因数百两银子。四个月后，斯坦因又回到敦煌附近，并委托蒋孝琬到莫高窟代表自己向王道士索取经卷文书。结果王道士又送给斯坦因很多中文和藏文写本。十六个月后，满满二十四箱经卷文书和五箱画、绣等艺术品经过长途运输后抵达伦敦，被安置在英国博物馆。在这次可耻的哄骗中，身为中国人的蒋师爷扮演了很不光彩的角色。

斯坦因因这次从中国盗宝取得的巨大收获而得到了西方世界的高度赞誉。他还因此得到了英国国王授予的印度王国武士的勋位和英国皇家地理学会的金质奖章。

继斯坦因之后来敦煌盗宝的是法国的保罗·伯希和。伯希和是一位天才的语言学家和对中国学问有很深造诣的汉学家。除了汉语以外，他还大约熟悉包括几种中亚语言在内的十几种语言，对中国的史料学、目录学和历史地理都有比较深入的了解。一九〇六年，由伯希和率领的法国中亚"考察队"从巴黎出发。因当时他们尚不知敦煌藏经洞的情况，所以他们起初是从喀什开始，对塔克拉玛干沙漠北沿的遗址进行仔细的考察和发掘。一九〇七年十月，伯希和一行到达乌鲁木齐进行休整时听到了敦煌发现藏经洞的消息，并且见到一卷从藏经洞中流散出来的写经，于是立即从乌鲁木齐直扑敦煌。一九〇八年二月，伯希和赶到了莫高窟。王道士对这个能讲一口流利的汉语的洋人十分敬佩，而且王道士已经开始利用斯坦因捐给的银子进行他的修复工作。所以，当伯希和提出看手稿的请求时，王道士当然不会放弃再得到一笔捐款的机会。不久，伯希和就被引进了藏经洞。洞内所存被斯坦因劫余的遗书仍把伯希和惊得呆若木鸡。他估计当时洞内的经卷文书的数量仍在一万五至两万之间。伯希和在藏经洞中借助昏暗的烛光以每天一千卷的速度整整干了三个星期，不仅翻检了每一卷写本，甚至连一张纸片也没有放过。在翻检过程中，他凭借自己丰富的汉学知识对藏品进行了认真的挑选。伯希和起初曾想把藏经洞中所剩的遗书全部席卷而去，王道士因担心无法向官府和当地百姓交代而未敢答应。伯希和于是先和王道士谈判购买自己选出的两堆经卷文书（约五千五百件左右），没想到最后竟以五百两银子为代价而成交。伯希和来莫高窟盗宝的时间虽然比斯坦因晚，但因斯坦因不懂汉文，又未能在藏经洞中尽翻所有遗书，所以有许多精品他未能带走，这些精品大多落入了伯希和手中。伯希和盗走的经卷文书虽然在数量上比斯坦因少，但从质量上说却是藏经洞的精华。这批敦煌遗书后来都收藏于设在巴黎的法国国立图书馆。此外，伯希和也从藏经洞中掠去了一批绢画和丝织品，后来入藏于设在巴黎的集美博物馆。

伯希和一行在莫高窟停留期间，还对所有洞窟进行了编号，测量，拍照，并抄录了一百多个洞窟中的各种文字题记和榜题。

一九〇九年，当伯希和从藏经洞劫得的文物安全运抵巴黎以后，他又受法国国立图书馆之托，到北京购买图书。他随身携带了一部分敦煌遗书珍本。在京期间，伯希和曾将这批文献出示给北京的中国学者。当时在北京的许多著名学者如罗振玉、蒋斧、王仁俊都先后前往伯希和旅居的苏州胡同寓所参观或抄录，伯希和还将一些文书的照相复制件送给蒋斧、罗振玉等人，借以讨好中国学者。直到此时，我国内地学者才知道敦煌发现了藏经洞，其中许多珍品已流到国外。此事大大震动了北京学术界，他们立即上书清朝学部，请求采取措施，抢救劫余的文献。清政府这才电令驻兰州的陕甘总督，命清查莫高窟的经卷文书，全部运到北京，还明令禁止外人购买该处的造像古碑。但王道士似有先见之明，早在官府封存藏经洞之前，他就把一些他认为珍贵的写本装满了两个大木桶，转移到他处收藏起来了。清理、押运的清朝官吏又都未尽职守，他们既未将劫余的敦煌遗书清理干净，又在运输中经常发生被盗和遗失现象。一九一〇年，运送车辆抵达北京以后，负责接收和押解的新疆巡抚何彦升又纵容其子何震彝擅自将经卷文书运到自己家中，伙同其岳父李盛铎将其中许多精品据为己有，而将一些较长的卷子一拆为二用以充数。这样，藏经洞中原来保存的四万七千件左右的经卷文书，最后入藏京师图书馆时，仅剩下八千六百多件了。何李二家盗窃的敦煌遗书后来大部分转售到了日本，也有一部分经过辗转流传，最终被台湾台北图书馆收藏。

　　被王道士转移私藏起来的那一部分藏经洞遗书，以后又有不少落入了日本探险队和斯坦因手中。日本组织的"探险队"到我国西北进行文物掠夺活动比法国还早。曾经在英国留学，后来又成为日本西本愿寺宗主的大谷光瑞伯爵曾在一九〇二年至一九〇四年、一九〇八年至一九〇九年、一九一〇至一九一四年三次派遣"探险队"来中国西北。其中第一次和第二次他们主要在新疆地区盗掘古墓，盗剥壁画。但在第三次探险中，探险队员橘瑞超和吉川小一郎于一九一二年初在敦煌会合，他们在莫高窟停留了八周，对敦煌石窟进行了调查和拍照，并从王道士手中买到了一批经卷文书。随后他们二人又从敦煌转赴新疆。吉川小一郎在一九一四年初取道甘肃、蒙古国回国。在回国途中，吉川小一郎于一九一四年二月再次来到敦煌，又从王道士及其他人手中购到了一批敦煌遗书。总计起来，第三次大谷"探险队"掠走的敦煌遗书也有数百卷。这批敦煌遗书最初收藏在大谷光瑞的别墅二乐庄。后来由于西本愿寺发生财政困难，大谷光瑞被迫辞去宗主职位，决意出游。大谷"探险队"劫去的敦煌遗书也逐渐流散到旅顺、汉城①和京都等地。流散到旅顺的这一部分以后转移到了旅顺历史文化博物馆。一九五四年，根据文化部指示，旅顺历史文化博物馆将所藏敦煌遗书的大部分上交给了北京图书馆。只留下了九件敦煌写经供展览用，这九件敦煌遗书至今仍保存在旅顺博物馆。流散到汉城的那一部分起初藏于朝鲜总督府博物馆，今藏于韩国汉城国立中央图书馆。留在日本京都的部分，现在大多数收藏在京都的龙谷大学图书馆，一小部分在东京国立博物馆的东洋馆。在上述分散、辗转的过程中，也有一些敦煌遗书落入私人之手，有些则至今去向不明。

斯坦因在一九一三至一九一五年间又进行了第三次中亚探险。并于一九一四年三月再次来到敦煌。斯坦因在莫高窟受到愚不可及的王道士的热情接待，他一面殷勤地向斯坦因报告其上次"施舍"的银子的支出情况，一面诉说官府如何要他承担将劫余的经卷文书运送到衙门的路费，以及运送车辆停在敦煌衙门时经卷文书被人偷盗的情况，并对当时未能将所有敦煌遗书出让给斯坦因表示了极端的悔恨。为了弥补自己的"过失"，王道士又从他转移私藏的写本中挑选出足足五大箱，计六百多卷佛经送给了斯坦因。这样，斯坦因先后从敦煌劫去的经卷文书达一万三千件左右。从王道士对斯坦因的态度上我们可以看出，他始终没有意识到将祖国的珍贵文物卖给外国人是在犯罪，藏经洞由这样愚昧无知的人发现、掌管可以说是我国近代文化史上最大的不幸。

被斯坦因劫去的敦煌遗书起初分别收藏在英国博物馆和设在伦敦的印度事务部图书馆；绢、纸绘画等艺术品则被当时英印政府设在印度新德里的中亚古物博物馆和英国博物馆分别收藏。一九七三年，英国博物馆收藏的敦煌遗书又被移交给了英国图书馆东方部。

在十九世纪末二十世纪初，沙皇俄国也曾多次派"探险队"到我国新疆、甘肃活动，掠走了大量的珍贵文物。其中俄国佛教艺术史专家奥登堡受研究东亚和中亚的"俄国委员会"派遣，曾于一九○六年至一九○九

---

① 编者补注：现称首尔。

年，一九一四至一九一五年两次率"探险队"前来中国。在第二次来华探险期间，奥登堡曾在敦煌停留了好几个月。在此期间，他们为莫高窟全部石窟编写了叙录，测绘了平面图，拍摄了三千余张黑白照片，还临摹了一些壁画，采掘了石窟沙石样品。奥登堡抵达敦煌之时，莫高窟藏经洞已经过斯坦因、伯希和、橘瑞超和吉川小一郎等外国"探险队"的数次劫掠，又经过清朝政府的一次清理。按理说应该是所剩无几了。但实际上奥登堡在敦煌的收获并不算小。他不仅收集到一万二千余件文书，还得到大约三百五十件绢画、纸画、雕塑等艺术品。奥登堡掠走的敦煌遗书大部分均为碎片，较完整的只有四五百件。这说明他在敦煌停留期间除了收购王道士手中私藏的剩余部分和流散在敦煌一些私人手中的经卷文书外，还对藏经洞进行了一次长时间的细致扫荡。奥登堡掠走的敦煌遗书后来入藏于俄国圣彼得堡冬宫亚细亚部，今为俄罗斯联邦科学院东方学研究所圣彼得堡分所藏品；纸画、绢画、雕塑等敦煌艺术品则至今仍存放在圣彼得堡艾尔米塔什（即冬宫）博物馆。在这个博物馆中还珍藏着奥登堡当年在敦煌掠夺文物时所记的六大册笔记。由于这些笔记长时期以来没有刊布，所以我们至今对奥登堡在敦煌活动的具体情况还不甚了然。

随着时间的推移，王道士转移私藏敦煌遗书之事终于为官府得知。于是在一九一九年，甘肃省教育厅再次对莫高窟进行清查，又获得藏文文书九十四捆。这批藏文文书以佛经为主，杂有公私文书十几件。这批文书后来一部分被运至甘肃省图书馆，一部分被移至敦煌劝学所，一部分被封存在莫高窟。现在则分藏于敦煌研究院、敦煌博物馆、甘肃省图书馆和酒泉、张掖、武威等地的文化机构。经过这次彻查，藏经洞保存的遗书基本上算被清理干净了。

但莫高窟的厄运并未就此结束。一九二〇至一九二一年间，在苏联国内战争中失败的数百名沙俄白匪军越过边界逃入中国，被中国当局扣留，昏愦的当局竟以莫高窟的佛教洞窟作为拘留这批残匪的场所。这些既无佛教信仰又乏文化修养的绝望之徒，在莫高窟这所世所罕见的艺术宝库中竟居住了长达半年之久。他们不仅在珍贵的壁画上书写沙皇俄军旧部的番号，甚至让佛口吐出沙皇匪军的下流话，借以发泄其潦倒绝望的情绪。他们还在洞窟角落支灶生火烧饭，致使浓黑的烟油污染了大批壁画。

到一九二三年，莫高窟又遭到美国"探险"者兰登·华尔纳的人为破坏。美国作为后起的帝国主义国家，加入掠夺中国西北地区文物的行列，比他们的西方同行要晚得多。直到一九二三年秋，由哈佛大学福格博物馆的华尔纳和宾西法尼亚博物馆的霍勒斯·杰恩组成的第一支美国"探险队"才到达中国。他们从西安出发经过兰州先到西夏古城黑城遗址（在今内蒙古自治区额济纳旗东）从事盗掘，而后转赴敦煌。杰恩在途中因冻伤返回，所以到达敦煌的只有华尔纳和他的随员。但此时王道士已无遗书可卖，华尔纳就将其劫掠目标转向了莫高窟的壁画和彩塑。身为美术史和考古学专家的华尔纳，当然知道莫高窟壁画和彩塑的珍贵价值。他采取极其卑劣的手法盗剥了大面积的壁画。他只花了七十两银子，愚昧的王道士就爽快地出让了一些壁画供他剥割。在中国西北地区佛教洞窟内盗剥壁画并不始于华尔纳，在他之前俄国、德国的"探险队"和日本大谷"探险队"都曾在新疆盗剥过壁画。但华尔纳剥离壁画采用的技术要比他的同行先进。在他之前剥离壁画都采用将壁画连同洞壁一起凿下来的办法，这不仅费时费力，且极易损坏壁画。华尔纳则使用一种能使壁画与洞壁分离的化学溶液，把壁画粘到纱布上再剥下来。用这种方法，他从第320、321、328、329、331、335、372等壁中共剥取了包括"汉武帝派张骞出使西域迎金人图"等二十六幅珍贵壁画，共计三万二千〇六平方公分。直至今日，莫高窟上述洞窟中还保留着华尔纳粗暴破坏的痕迹。华尔纳还从敦煌掠走了包括盛唐第328窟中最优美的半跪式观音在内的数尊塑像。这批东西后来均为哈佛大学福格博物馆所收藏。

第一次盗宝的成功使华尔纳受到鼓舞。所以在一九二五年他再次率队前来中国，计划剥取更多的壁画。但华尔纳上次盗剥壁画之事已被敦煌民众发现，他们对这种破坏圣地的行为十分气愤，曾多次诘责敦煌县长和王道士，甚至在县长离任时将其截留，逼他追回华尔纳盗走的敦煌壁画。在这样的背景下，华尔纳很难重施故技，他们一行不仅受到当地群众的反对和监视，迫于民众压力的敦煌当局也对他们的行动严加限制。最后，华尔纳不得不放弃自己的计划悄悄溜走。从此，敦煌的大门对帝国主义文化强盗正式关闭了。这是正在觉醒的中国人民抗争的胜利成果。

## （四）敦煌莫高窟的新生

藏经洞发现后，辉煌丰富的敦煌文物为世人所瞩目，我国和各国学者竞相研究，形成了一门国际性的显学——敦煌学。

一九四四年二月一日，国民党政府在文化界和社会舆论的强烈呼吁下，成立了敦煌艺术研究所，常书鸿为所长，在不受国民党政府重视，经费支绌，条件艰苦的情况下，负起保护莫高窟的重任，并且开展了临摹、记录、测量、摄影、研究等工作。

一九四九年九月，中国人民解放军向大西北挺进，解放了敦煌。新中国成立，莫高窟得到了新生。党和政府对敦煌石窟非常重视。一九五〇年秋，将敦煌艺术研究所更名为敦煌文物研究所，直接由中央文化部领导，仍由常书鸿任所长，并增加了人员编制，扩大了工作范围。敦煌文物研究所遵循文化部确定的"保护"与"发扬"的方针，做了大量的卓有成效的工作，在石窟保护方面，对莫高窟进行了全面加固，抢修了残存的木构窟檐，对窟内的壁画和塑像也进行了抢修。

临摹壁画和彩塑仍是研究所这一时期的中心任务，研究工作也取得了相当成绩。

一九八四年八月，中共甘肃省委和省政府又决定在敦煌文物研究所的基础上扩大编制，建立敦煌研究院，段文杰任院长。研究院下设石窟保护、石窟考古、石窟美术、敦煌遗书等四个研究所和音乐舞蹈研究室、资料中心等机构。敦煌研究院现已有职工一百八十多人，各类专职和兼职研究人员五十多人。这是目前世界上最大的以研究敦煌石窟艺术为中心的研究实体。

随着改革开放，敦煌和莫高窟这颗古丝绸之路上的明珠再度放出光辉，各国学者络绎不绝，旅游者继踵于道。如今，人们正在领略着这份丰富绚烂的文化财富，整理研究，吸收应用。

# 主要参考论著

## 一

[1] 潘絜兹：《敦煌莫高窟艺术》，上海人民出版社，一九五七年。

[2] 榎一雄主编：《讲座敦煌》二《敦煌的历史》，大东出版社，一九八〇年。

[3] 敦煌文物研究所编：《中国石窟：敦煌莫高窟》第一至五卷，文物出版社，一九八二至一九八七年。

[4] 姜伯勤：《唐五代敦煌寺户制度》，中华书局，一九八七年。

[5] 周绍良主编：《敦煌文学作品选》，中华书局，一九八七年。

[6] 段文杰：《敦煌石窟艺术论集》，甘肃人民出版社，一九八八年。

[7] 段文杰主编：《中国美术全集绘画编》十四、十五《敦煌壁画》上、下，上海人民美术出版社，一九八五、一九八八年。

[8] 荣新江：《话说敦煌》，山东教育出版社，一九九一年。

[9] 胡戟、傅玫：《敦煌述略》（待刊）①。

## 二

[1] 陈垣：《跋西凉户籍残卷》，《北京师范大学学报》，一九六三年第二期。

---

① 编者补注：以《敦煌史话》为题，已由中华书局于一九九五年出版。

[2] 齐陈骏：《敦煌的沿革与人口》，《敦煌学辑刊》第一集，一九八〇年。

[3] 白滨、史金波：《莫高窟、榆林窟西夏资料概述》，《敦煌学辑刊》第一集，一九八〇年。

[4] 施萍亭：《敦煌与莫高窟》，《敦煌研究》试刊第一期，一九八一年。

[5] 姜伯勤：《唐敦煌"书仪"所见的沙州玉关驿户起义》，《中华文史论丛》，一九八一年第一辑。

[6] 齐陈骏：《敦煌的沿革与人口》（续），《敦煌学辑刊》第二集，一九八一年。

[7] 刘玉权：《西夏时期的瓜、沙二州》，《敦煌学辑刊》第二集，一九八一年。

[8] 吴礽骧、余尧：《汉代的敦煌郡》，《西北师院学报》，一九八二年第二期。

[9] 贺世哲：《敦煌莫高窟北朝石窟与禅观》，载《敦煌研究文集》，甘肃人民出版社，一九八二年。

[10] 贺世哲、孙修身：《瓜沙曹氏与莫高窟》，载同上文集。

[11] 史苇湘：《丝绸之路上的敦煌与莫高窟》，载同上文集。

[12] 施萍亭：《建平公与莫高窟》，载同上文集。

[13] 刘光华：《敦煌上古历史的几个问题》，《敦煌学辑刊》第二集，一九八二年。

[14] 宁可：《河西怀古》，载《丝路访古》，甘肃人民出版社，一九八三年。

[15] 冷鹏飞：《唐末沙州归义军张氏时期有关百姓受田和赋税的几个问题》，《敦煌学辑刊》一九八四年第一期。

[16] 胡戟：《敦煌述略》，《西北历史资料》，一九八四年增刊。

[17] 史金波、白滨：《莫高窟、榆林窟西夏文题记研究》，载《西夏史论文集》，宁夏人民出版社，一九八四年。

[18] 宁可：《述"社邑"》，《北京师院学报》，一九八五年第一期。

[19] 段文杰：《敦煌研究所四十年》，《敦煌研究》一九八五年第二期。

[20] 施萍亭：《敦煌随笔之一》，《敦煌研究》一九八五年第三期。

[21] 陈国灿：《唐朝吐蕃陷落沙州的时间问题》，《敦煌学辑刊》一九八五年第一期。

[22] 李正宇：《唐宋时代的敦煌学校》，《敦煌研究》一九八六年第一期。

[23] 姜伯勤：《沙州道门亲表部落释证》，《敦煌研究》一九八六年第三期。

[24] 荣新江：《归义军及其与周边民族的关系初探》，《敦煌学辑刊》一九八六年第二期。

[25] 杨际平：《吐蕃时期沙州社会经济研究》，载《敦煌吐鲁番出土经济文书研究》，厦门大学出版社，一九八六年。

[26] 高明士：《唐代敦煌的教育》，《汉学研究》第四卷第二期，一九八六年。

[27] 施萍亭：《敦煌随笔之二》，《敦煌研究》一九八七年第一期。

[28] 李永宁、蔡伟堂：《〈降魔变文〉与敦煌壁画中的"劳度叉斗圣变"》，载《1983 年全国敦煌学术讨论会文集 石窟·艺术编》上册，甘肃人民出版社，一九八五年。

[29] 姜伯勤：《敦煌的"画行"与"画院"》，载《1983 年全国敦煌学术讨论会文集 石窟·艺术编》下册，甘肃人民出版社，一九八七年。

[30] 杨铭：《吐蕃时期敦煌部落设置考——兼及部落的内部组织》，《西北史地》一九八七年第二期。

[31] 施光明：《十六国敦煌学者考述》，《西北师院学报》一九八七年第三期。

[32] 李永宁：《竖牛作孽、君主见欺——谈张淮深之死及唐末归义军执权者之更迭》，《敦煌研究》一九八六年第一期。

[33] 邓文宽：《敦煌文献中的天文历法》，《文史知识》一九八八年第八期。

[34] 杨际平：《唐末宋初敦煌土地制度初探》，《敦煌学辑刊》一九八八年一、二期。

[35] 方广锠：《敦煌遗书〈沙州乞经状〉研究》，《敦煌研究》一九八九年第二期。

[36] 钱伯泉：《回鹘在敦煌的历史》，《敦煌学辑刊》一九八九年第一期。

[37] 荣新江：《晚唐归义军李氏家族执政史探微》，《文献》一九八九年第三期。

[38] 荣新江：《沙州归义军历任节度使称号研究》，载《敦煌吐鲁番学研究

论文集》，汉语大词典出版社，一九九〇年。其修订稿载《敦煌学》第十九辑，一九九二年。

[39] 郝春文:《唐后期五代宋初沙州僧尼的特点》，载《敦煌吐鲁番学研究论文集》，汉语大词典出版社，一九九〇年。

[40] 贺世哲:《试论曹仁贵即曹议金》，《西北师大学报》一九九〇年第三期。

[41] 刘玉权:《关于沙州回鹘洞窟的划分》，载《敦煌石窟研究国际讨论会文集　石窟·考古编》，辽宁美术出版社，一九九〇年。

[42] 郝春文:《隋唐五代宋初佛社与寺院的关系》，《敦煌学辑刊》一九九〇年第一期。

[43] 荣新江:《沙州张淮深与唐中央朝廷之关系》，《敦煌学辑刊》一九九〇年第二期。

[44] 卢向前:《金山国立国之我见》，《敦煌学辑刊》一九九〇年第二期。

[45] 杨富学:《沙州回鹘及其政权组织》（提要），一九九〇年敦煌学国际学术讨论会论文（敦煌研究院主办）。

[46] 荣新江:《曹议金征甘州回鹘史事表微》，《敦煌研究》一九九一年第二期。

[47] 郝春文:《隋唐五代宋初传统私社与寺院的关系》，《中国史研究》一九九一年第二期。

[48] 李正宇:《曹仁贵名实论——曹氏归义军创始及归奉后梁史探》，载《第二届敦煌学国际研讨会论文集》，台北:汉学研究中心，一九九一年。

[49] 谢重光:《吐蕃占领时期与归义军时期的敦煌僧官制度》，《敦煌研究》一九九一年第三期。

[50] 荣新江:《通颊考》，《文史》第三十三辑，中华书局，一九九一年。

[51] 方广锠:《敦煌藏经洞封闭原因之我见》，《中国社会科学》一九九一年第五期。

[52] 沙知等:《中国敦煌吐鲁番学会代表团访苏简况》，《中国史研究动态》一九九一年第十二期。

[53] 郝春文：《东晋南北朝时期的佛教结社》，《历史研究》一九九二年第
　　　一期。

[54] 郝春文：《略论古代敦煌的兴衰与边防》，《中国边疆史地研究》
　　　一九九二年第四期。

# 编辑后记

　　这一卷是由我和宁可先生合作撰写的。原作为"神州文化集成"丛书的一种，书名为《敦煌的历史和文化》，于 1993 年由新华出版社出版。1990 年，丛书编委会向宁可先生约稿，先生命我执笔撰写初稿，最后由先生审定。此书出版后受到读者欢迎，因满足不了读者的需求，还曾出现过盗版。2010 年 8 月，中国国际广播出版社又重印过此书。

　　需要说明的是，《敦煌的历史和文化》一书出版已有 30 多年，很多内容都需要更新。但为了保持原貌，此次作为《宁可文集》第六卷出版，基本未作改动。

　　首都师范大学历史学院张天虹教授及历史学基地班本科生王誉同学承担了繁杂的校对工作，谨向他们致以衷心的感谢！

郝春文

2024 年 5 月 17 日于北京

责任编辑：刘松弢　彭代琪格

**图书在版编目（CIP）数据**

宁可文集 . 第六卷 / 宁可、郝春文 著，郝春文、宁欣 主编 . — 北京：
　人民出版社，2024.6
ISBN 978 – 7 – 01 – 026413 – 4

Ⅰ. ①宁…　Ⅱ. ①宁…②郝…③宁…　Ⅲ. ①中国历史 – 文集　Ⅳ. ① K207-53

中国国家版本馆 CIP 数据核字（2024）第 054059 号

# 宁 可 文 集
NINGKE WENJI

## （第六卷）

宁　可　郝春文　著

郝春文　宁　欣　主编

**人民出版社** 出版发行
（100706　北京市东城区隆福寺街 99 号）

北京新华印刷有限公司印刷　新华书店经销

2024 年 6 月第 1 版　2024 年 6 月北京第 1 次印刷
开本：710 毫米 × 1000 毫米 1/16　印张：8.75
字数：130 千字

ISBN 978 – 7 – 01 – 026413 – 4　定价：40.00 元

邮购地址 100706　北京市东城区隆福寺街 99 号
人民东方图书销售中心　电话（010）65250042　65289539